人生、上出来

増補版　心底惚れた

樹木希林

女優

837

中公新書ラクレ

読者のみなさまへ

一九七六（昭和五十一）年、月刊誌『婦人公論』一月号で「異性懇談」と題された一年間一二回の連載対談が始まりました。ホスト役は「悠木千帆」。モノクロ顔写真の不思議な染められ方をした前髪と眉毛が、異彩を放っています。

「悠木千帆」が、二〇一八年九月に亡くなった樹木希林さんの旧芸名であることは、ご存じの方も多いでしょう（「樹木希林」となるのは一九七七年）。「異性懇談」は知る人ぞ知る、いわば「伝説」の連載でしたが、長く書籍化されていませんでした。

当時三十三歳。七〇年に始まったテレビドラマ「時間ですよ」シリーズや「ジュリーィィ!!」と身悶えするおばあちゃん役が話題となった「寺内貫太郎一家」シリーズ、さらには初の主演ドラマ『ばあちゃんの星』で当時の人気グループ・ずうとるびと共演するなど、人気個性派女優の地位を築いていました。

また、私生活ではロックミュージシャンの内田裕也さんとの結婚生活が注目を集めていました。二人は七三年五月に『時間ですよ』で共演したかまやつひろしさんに紹介された後、八月の偶然の再会をきっかけに交際をスタートさせ、わずか五〇日で婚約発表、十月十日に築地本願寺での挙式となりました。新郎側介添人沢田研二、新婦側介添人久《く》世《ぜ》光彦《てるひこ》、立会人かまやつひろし。豪華で型破りな結婚式だったようです。

異色のカップルは結婚後一年もすると、「別居か」「離婚か」と騒がれるようになります。七五年には実際に「別居」が明らかになりますが、そんなさなかに「異性懇談」は始まりました。開始まもない七六年二月十一日に一人娘の也哉子さんが誕生し、三月には二人が赤坂日枝神社で也哉子さんのお宮参りをしたことが週刊誌で報じられたりもしています。

「異性懇談」では、第一回の渥美清さん、第二回の（五代目）中村勘九郎さんというように、二人の多彩で豪華なゲストと男と女についての深い話が繰り広げられます。そこには、悠木（樹木）さんのこんな状況が背景にあるのです。

ちなみに、一九七五年から七六年にかけての世界と日本には、次のような出来事がありました。

一九七五年　四月　サイゴン陥落、ベトナム戦争終結へ
七月　沖縄国際海洋博覧会開催（翌年一月まで）
九月　昭和天皇がアメリカ合衆国を公式訪問
一九七六年　一月　「およげ！ たいやきくん」が大ヒット
七月　モントリオール五輪開催
田中角栄前首相、ロッキード事件で逮捕
八月　ピンク・レディー、「ペッパー警部」でデビュー
九月　毛沢東死去
十一月　歌手の荒井由実、松任谷正隆と結婚
十二月　福田赳夫内閣発足

なお、それぞれの対談の末尾に付された「悠木千帆の一言」にご注目ください。金言・名言におさまりきらない、樹木さんの生きかたが見えるでしょう。「ありのまま」「自然体」の原点がここにあります。

編集部

読者のみなさまへ

「もう絶対あれとは
対談するな、
なんていう人が
いっぱいいて、
もうまいっちゃう」

（米倉斉加年「妻と夫の危険な関係」より）

「この世に生まれてしまった
身を恥じらい、
なお生きてるということを
恥じらう気持ちが
フッとみえた時、
わたしは男って
色っぽいなと思うのです」

（草野心平「生きるスタイル」より）

「もちろん個人の、
長さんのあれを聞きたいの。
その女のどういうのが
よかったんですか、
どの部分が」

（いかりや長介「四十男の大問題」より）

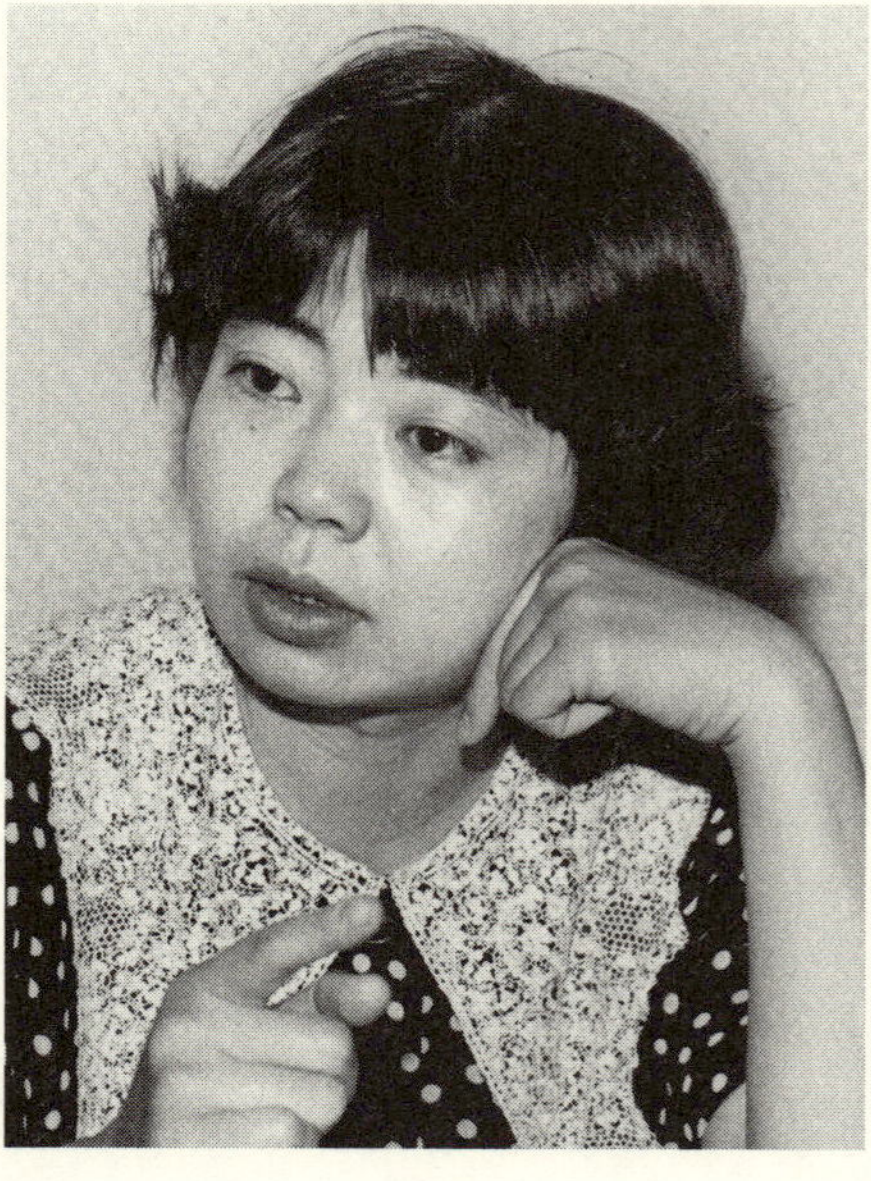

「私は確かに確かに
生を生き生きと生きる
むずかしさと苦しみを
識りました」

（荒畑寒村「三人の妻の思い出」より）

目次

本書は、『心底惚れた　樹木希林の異性懇談』（二〇一九年三月　中央公論新社刊）を再構成し、「樹木希林さん、夫婦を語る」（婦人公論二〇一九年十月八日号）を増補のうえ改題したものです。

装幀／中央公論新社デザイン室
カバー撮影／篠山紀信
本文ＤＴＰ／今井明子

人生、上出来

増補版　心底惚れた

渥美 清

女もつらいネ

渥美清　あつみ きよし

俳優。1928（昭和3）年3月10日東京生まれ。終戦後、旅回り一座の裏方から役者となり、ストリップ劇場のコメディアンとして浅草の名門フランス座に出演。結核で2年間の療養生活ののち、認められてテレビ界に進出。NHK『夢であいましょう』で人気を得る。69年結婚。同年に映画「男はつらいよ」シリーズがスタート。以来26年間にわたって48作に主演。96年8月4日死去。享年68。死後、国民栄誉賞を受賞。対談当時は47歳。75年12月に16作目の『男はつらいよ葛飾立志篇』が公開されていた。夫人との間に長男（当時4歳）、長女（当時2歳）がいた。

名前の中に、美しいというのが入っているのはおかしいよ

渥美　どうもお待たせして。
悠木　忙しかったんですね。わたし、さっきテレビ拝見していました。寅さんの記者発表の……。
渥美　ああ、そうですか。
悠木　元気ですね、あいかわらず。
渥美　ええ、おかげさまで。まあ、あまりむりしないから。あんたも元気じゃないの。
悠木　いや、元気じゃないですよ、わたしは。
渥美　いつも、ほんとにああ元気だな、すごいなと思って見ているのよ。ゆうべも噂していたの。小沢昭一、西村晃《こう》、みんなで、何となく芸能座の芝居見たあとごはん食べて話していて、そうしたら、悠木ちゃんの話が出て西村晃さんが渥美さんとやったときに、おれ悠木千帆さんと夫婦だった、って西村晃さんが話し出してね。あのころはおれも体

の調子がよくてピョンピョンとびはねたよって。
悠木 ぞうきんに乗っかってシャーッといきましたよね。支離滅裂に聞きますから。
渥美 ええ、どうぞどうぞ。悠木ちゃんの好きなことを。
悠木 渥美さんて名前が違うんですよね。
渥美 悠木ちゃんに話したっけ。
悠木 田所さんていうんですよね、ほんとうは。
渥美 田所康雄っていうんですけどね、その当時、田所という名前の人がいなかったんですよ。
悠木 役者に？
渥美 いや、まわりに。正確に言えば、今のように田所さんて呼んでくれる人がいなかったんです。ぼくはしょっちゅう病気がちで、こっち（左）の手なんか関節炎で十年ぐらい病んでいましたからね。しょっちゅうお医者に行っていたんですよ。そこじゃなじみになったから、ちゃんと呼んでくれたけど、ほかのところじゃ、タショさんとかね。家が移ったんでほかの学校へ転校すると、そこで先生が「田所っていう友だちだからこれから仲よくするように」っていうと、昼休みにすっとそばに来たやつが、タヌクローとか（笑）、ダトコローとか、タショとか、デンドコロとか、何か明快でないんだね、こっちが（頭をさして）。これがミズサワとかタケダとか、そういうふうにパッときまった呼び名が何かあればいいなっていうことは、相当小さいころから自分の中に植えついたんですよ。

タショさんとか、「田所、そこへ立ってろ」とか。おもに立たされていましたからね、だんだん自分の中で、知らないうちに、田所っていう自分の名前と離れたいという気持ちがとても強まったんでしょうね。ウン。

悠木　渥美としたのは。

渥美　それはね、こたつの中にゴローンと横になって講談本を読んでいたんですよ。うんと安い本があるじゃないですか。鳥追い女が毛むくじゃらな雲助に犯されている絵がかいてあるような、ゾッキ本っていうんですか、そういうのを読んでいたらね。現代劇なんですよ、読切りの。その中に渥美悦郎という二枚目が出てくるんです。眉毛あくまでりりしく、そしてふたえまぶたの美しい瞳をしっかりと……。

悠木　スズがはったように。

渥美　ウン、スズがはったように、三枝子の瞳の中を食い入るように見ているとか、たじろがない、万能な……日本版００７という男で、渥美悦郎という男だった。とてもぼくの中に、そういうものにあこがれるものがあったんだろうねえ。それで、この渥美っていう字いいなって、何となくそこにある鉛筆で渥美悦郎って書き取ってね。それを自分の家の玄関のところに貼るのはちょっと恥ずかしいから、木戸の中のところに貼ったりしたことあったのね。それ、親におこられて、何だいって言うから、これはおれのペンネームだ。ペンネームって、お前、ぶらぶら遊んでいて仕事もしてないくせに、何がペンネームだ。

十いくつのときだからね。そのとき、そんなみっともないことするんじゃないよってはぎ取られて、パッと捨てられちゃったのね。自分で渥美悦郎に化身していきたいっていう願望、とても強かったね。何かツーンと涙ぐむくらい悲しかったね。そのとき、親に、何でこんなもの貼るんだって言われたときに。

悠木　芝居はじめたときに、もうパチンと変えたんですか。

渥美　いや、芝居でなくて、何でもないときに。近所の子どもと一緒にグライダー作ったり、模型飛行機作ったりした、そのころ。

悠木　渥美さんて言われるようになったのは、いつごろから。

渥美　それはこの商売はじめてから。で、渥美悦郎なんて自分で書いて貼ったりしたのは十いくつで、だいぶ早かった。

悠木　もちろん、何だ、こんなものってやられたときにはそういう思いがしたけれども、変えたことによって変わりました？　少し気分が。

渥美　そうね、渥美さんって言われてから、とてもしあわせな日々です。もっとも、渥美さんって言われるようになってからまた死ぬような大病もしましたけれども。だけど、その前の田所というときは全部が灰色なような気がします。ほとんど寝てばっかりいましたから。

悠木　わたしなんかも、自分は中谷という名前でね、わりと知的な名前なんだけど、役者をやっているとわかっちゃうと恥ずかしいので、そういう名前、悠木千帆なんてつけたら、みんなが笑うんですよ。あれ、何ていうことないですね、つけちゃって何年かたつと。

渥美　そうそう。だから、ぼくも最初渥美になったときに、「名前の中に美しいというのが入っているのはおかしいよ、お前」って言われてね。

悠木　ほんとにきれいな名前ですね、実に。

ごはんっていうのは、一人で食べるのがいちばんおいしい

悠木　わたしが渥美さんに興味を持つのはね、たとえば女、それからお金、お金にまつわる住居だとか、宝石だとか、衣類だとか、食べものだとか、そういうものに関して渥美さんが興味なさそうなのね。その部分がとても知りたいのね。

渥美　なるほどね。

悠木　私生活というのも一切出さないでしょう。それもけっして、むりやり拒否しているという感じもしないんですよ。渥美さんが、ぼくはこういうやり方でやるんだというふうに主張しているわけではなく、肩肘張らずにただ淡々と生きていらっしゃる感じがするの。

渥美　それほどのものでもないでしょう。

悠木　その淡々と生きているにもかかわらず、劇にどうしてあんなにカーッとできるんだろう。しかも、「男はつらいよ」も、劇にのめり込んでいるという気はしないんですね。何か一つ突きはなした部分が魅力なの。

渥美　そうかねえ。

悠木　たとえば食べものに対してね、あまり執着ないでしょう。

渥美　そうだね。

悠木　それは体のせいですか。

渥美　ウーン、やっぱり理屈は抜きにしても、悠木さんみたいな洞察の強い人はごまかせないからね（笑）、いちばん簡単にはっきり言っちゃうと、全部おれの中の怠け精神から出ているんじゃないかなと思うね。全部、ぼくの怠惰な無気力なところから出ているのね。だから、一般に仕事していて、とても好きな俳優さんが「せりふ、ちょっと待ってね。今、五分休憩ね」「あ、そう」、電話かけて、「おいおい、いいか、あそこの切身のところ、この間のだめだから別の切身取り寄せなければだめだぞ。マル留《トメ》から取り寄せなければ」って、一生懸命、今晩食べる材料のことで生き生きして、それサッと終わると「さて、よし。ところで、何だっけ」パッとこっちに。そういうことにとても熱意もやしているの。

　ぼくにはそういうのはとてもだめなんだね。めんどうくさいの。そんなことより、手数がかからなくてもいいからね、気ままに何かふっとやって、気がついたときに何か

（右で腹をさすって）胃の腑《ふ》のくっついちゃうみたいな空腹感がなくなって、これで一応すんだという気持ち。それが短時間にできてね、またテレビ見るより、ゴロゴロするなり、ふろへ入るなりしたいの。

悠木　すごくよくわかります。

渥美　どっかぼくの中の怠けというか、ちゃっかりというか、そういう合理性というものに、それは邪魔なものなんだね。

悠木　そうすると、食べるということは、あまり、人が見ている前で食べるものじゃないですよね。食べようと思えば一人で。

渥美　ごはんっていうのは一人で食べるのがいちばんおいしいんじゃないかしら。それはたまには仲のいい大ぜいで温泉に行ったり、会食もします。それはそれで別ですよ。「おいしかったわ。でも、何食べたかわからないわ」って、よく女の人はいうけれども、やはり会食というのは、何かの話をしたり、だれかに会うため、あるいは何かの目的を達するための一つの方便であって、ほんとうに食べたいというのは、ゴリラがそれこそ山の中で取ってきた餌をじっと食べるとか、あるいはアフリカのある種族が口のまわりを真っ白にさせて、自分たちだけの好きな実を食べているときはとても暗いって人類学者が言った、ということをぼくはアフリカの人に聞いたけれども、ものを食べるというのはそういうものだと思うんですよね。

悠木　こんどは洋服というのがありますね。衣類というのは、人が見るものでしょう。あんなものを着ているとか。そういうふうな人からの目に対しては、渥美さんはどういうふうに……。

渥美　やっぱり怠けものだろうね。相手役の女優さんに指摘されるものね、それを。だから、一緒に長く仕事して仲よしだった大空真弓さんなんかに、はっきり言われるものね。渥美さん、ますますひどくなってくる（笑）。かまわなくなって。それから、何かの会合みたいなもので集まると、ぼくがいつに似げなく背広なんか着ていると、大空さんがそばに来て、「きょうはいつものかっこうじゃいけないなんて、何か着ていらっしゃいなんて言われたんでしょう」って。あの人はあの大きな目で洞察して、そうでしょ、そうなんでしょ。わりあいそれがはずれない、ぴったり当たる。

悠木　女のカンでね。

渥美　渥美さん、ほんとに、あなた見ると、靴下はくのもいやな人みたいね、とか。まあ夏なんか、ほとんど靴下はかないからね、そう言えば。ズックみたいなものを。そのほうが楽なのよ、体に。

悠木　そうすると、人にいいところを見せようという部分はどこで働きますか。

渥美　それは大ありだと思う。だから、きっとこれは……。

悠木　価値観が違いますね。

渥美　ということよりも、裏返しのええかっこなんじゃないかと思う。ぼくは時計っていうのはセイコーしかしないという変な信念を持っている。セイコーは狂わないし、ふっと落としてもそう惜しげないでしょう。何百万なんてしないんだから。それから、ふだんかまわないみたいなことを言うってのは、上野、巣鴨、あそこらへんの東京の下町で育った人間の一種のいやみなんじゃないかと、自分で最近思うようになったけどね。妙にネクタイなんか締めてピシッとしないことが、一つの自分の中の別の意味での見せ方なんじゃないかとふっと思う。でもそこまで……。無意識なんだよ。ただ、何かしなきゃいけないとか、何と何とそろえなきゃいけないとか、そういうのに振り回されるのはいやだ。自分の気分がよければいいんだ。わりあいそんなところなんじゃないかしら。

迷惑のタネを作っちゃうと、自分のコントロールがきまらない

悠木　それじゃ、こんど芝居というものについて。劇を一つのおんなじシリーズでやるとき、そのときにあきませんか。

渥美　そうね、やはり……土台あきっぽい男だからね、おれが。とても自分であきっぽいと思っているの。

悠木　それをあいかわらず変えないで。わたし、変わんないということはすてきなことだと思うんだけれどもね。どの役者もあれもやりこれもやりじゃおもしろくも何ともない。そういうふうに変わらないというのは、一種の怠けの精神ととらえていいんでしょうか。

渥美　それもあるかもしれないね。きっと。まあそれと、何ていうのかしら、いちばん自分で納得のいくのは、今だれに何と言われようと、自分で何をやったら、いちばん見てくれたがっている人に届くだろうかっていう、そこらへんのことなんじゃないだろうかね。要するにわたしは今後こうこう、こういうものをやって、こういう企画を立てて

こういうプランもある。そうやって非常に多彩で、いろいろなことができる人もあるけれども、ぼくの場合には、今何をやったらお客さんがいちばん喜んでくれるか。やっぱりぼくはこういう見てもらう商売だから、これはあくまでも見る人がいて成立するなりわいだから、そういった場合、お前これが見たいんだよと言ってくれるものを、やはりきわめていくより仕方がないんじゃないかと。

悠木　仕方がないというより、それが最高のやり方だと思うの。

渥美　どこまでそれをきわめていくかというところに、自分との戦いがあるんだろうと思う。

悠木　そうすると、そのことは非常につらいことで、めんどうくさいことですよね。ほんとに逃げたくなるときあると思うんですよ。やっぱり劇が好きなんですね。

渥美　そうなんでしょう、と思うね。

悠木　そのめんどうくさがり屋の渥美さんがね、映画といい劇といい、とにかく一人でよく出かけられますよね。

渥美　あなたも、そうじゃない。ぼくは女優さんで、あなたといちばん会うよ。

悠木　おいしいもの食べません？　っていうのにつられて行くんだから、ちょっと違いますけど。そのマメさというのは、やっぱり好きなものならいいんですね。

渥美　そう。そうなの。得手勝手なの。わがままなの。あとは、薄情なくらい手を省いちゃう。

悠木　ところが、わたし感心するのは人に迷惑かけないでしょう。手を省いた部分。それは何でしょう。だいたい役者って勝手で、かみさんを泣かしたり、まあもちろん浮気もなすっているかもしれませんけれども、家庭というのを顧みなかったり、人に借金作ったり、そういうふうな迷惑というのも作らずに。

渥美　あまり迷惑のタネを作っちゃうと、自分のコントロールがきまらないでしょう。

悠木　なるほどね。やっぱりそれは好きなものをやるために、振りかかってくるものは省きますね、よけますね。

渥美　それと、ぼくの中にある友情というものに対する見きわめ方というのは、どう長くつき合えるかということはね、まず相手の中に深くどぶどぶ入っていかないことだね。そうすると、十年でも二十年でも三十年でもつき合えますよ。

うちのおふくろというのはあまり利口な女じゃなかったから、うまいことは言わなかったけれども、おふくろがぼくに言った中でね。ぼくが年ごろになって、しょっちゅう居候みたいに泊まり込んだりしていた友だちが、夫婦別れしそうになったんですよ。その両方がしょっちゅうぼくのところに来て、ぼくいませんか、ぼくいませんかっておれのおふくろに聞いて、おふくろも心配で「お二人、何か浮かぬ顔で来るけれどもどういうことなんだい」「実は夫婦別れしそうになっている」といったら、「そうか。お前、お友だちだからつらいだろうけれども、お前は自分でどう思っているかしれないけれども、人の夫婦仲に立ち入るようなことをしちゃいけないよ。だから、二人を呼んでもとのサヤに納めるとか、あるいはおれが中に入って円満に解決して別れさせるとか、間違ってもそういうことは、お前の器量じゃできないからそういうことは一生しちゃいけないよ。こういうことというのは、してかえって恨まれるんだ。だから、心配だろうけれども、そういうときは少し離れたところで、向こうを傷つけないようにして見つめているようにしろ」と、おふくろが言ったけれども、ぼくはそれが一事が万事に通ずると思うね。

悠木　一事が万事というのは、たとえばほかのことでは……？

渥美　たとえば友情の中でも、男の場合は比較的それがいいんですけれども、ぼくたちの商売は女の人とも友だちになりますから、この場合はやっぱりあまり深く入りすぎないほうがいいですね。相手に愛情があればあるほどね。そうすると長くいつまでも、どうだ、元気かいと、それこそ親身な話にも乗れるようになりますよ。

悠木　わたしなんかは、何だって聞きたがるしね、それはそうしないほうがいいとか、もう縁切ったほうがいいとかね（笑）。

渥美　それは女の人のよさですよね。

悠木　でも、勝手なことを言ってね、絶対よそで女を作っているとか、いい加減なことを。そのときは一生懸命考えるんだけれども、けっきょく何のたしにもなってないわけですよ。そういう気遣いというのは、わたしは一切ないのね。

渥美　そんなことないんじゃないの。それはやっぱり悠木ちゃんの中に、悠木ちゃんのちゃんとしたものがあると思うよ。あなたとても、そういうところは神経のこまかい人だもの。

悠木　バランスが悪いんですよね（笑）。こまかい部分と、すごくだめな部分と。

女の人はゴムみたいに、ずっとへっこむとプッと出てきちゃう

悠木　最近思うんだけど、気違いの旦那とわたしと二年、よくもちましたね。もたない

と思ったんです。今後だってわからないけどね。わたし、渥美さんの家ももたないと思っていたら。やっぱり渥美さんて人徳ね。

渥美　おれも、友だちによく言われたね。お前が家庭を持つっていうのは、テレビのホームドラマでお前が主役を演じて、「そうかい。それはよかったね」といって見ている人たちはとてもいい家庭を持つんだと思っているけれども、おれたち長いつき合いだが、お前は家庭は不向きだぞって、みんな友だち言っていますね。そういうふうに気違いの部分ってあるからね、ぼくにも。

悠木　それとつき合っている奥さんも、やっぱり気違いですかね。

渥美　というより、長く見ていてくれたということでしょうね。

悠木　子どもというものに対して、渥美さんはどういうふうに考えていらっしゃいますか。

渥美　そうね、やっぱり思いもかけなかったね。自分とよく似ている感じのものがそこにいてね、ふと何かしゃべったりね。

悠木　だいたいそっくりなんですって？　チョコッと顔出して、お母さんの背中からのぞいたり、そういう顔がよく似ているんですって。でも、その子どものこと聞き出すの、なかなか骨なんですよ、渥美さんから。別にとりたてて隠すわけじゃないけれども。やっぱり自分の子どもだという感じ、ひしひしとしますか。

渥美　いや、それは産んだ母親じゃないと知らないんじゃないかしら。とっても説得力のある話のうまい坊さんなんかがいて、お前の子どもだといったらほんとにそうかと思う（笑）。毛がちぢれていて、目がこうなって、鼻こうなって、四角い顔した、おれを小さくしたようなやつがいて、それがこんなことしているだけだから、やっぱりそうだと思うから。ほんとに自分が産み落とした女親でなければそういう実感はないんじゃないか。

悠木　こんど生まれてくるときは、男ですか。

渥美　そうね。まあ男だろうね。お化粧したりなんかするのも、ゾッとするしね。それと十時に出なきゃならないといったら、九時半まで寝ていたいしね。前の晩早く寝た、遅く寝たでなく、ぎりぎりまでゴロゴロして、そして、起きあがった、顔洗った、最低限度の時間に服を着てふっと出ちゃうみたいなことが、非常に得をしたと思うんですね。それが、まかり間違って二時間も早く起きちゃったりしたら、ずいぶんきょうは連絡悪くて早く起きちゃって損しちゃった、一日損しちゃったって考えるんですよ（笑）。

悠木　女と男と見ているると、どんな感じしますか。女のほうが強い感じします？

渥美　やっぱり女の人、強いんじゃないかね。生き抜いていくからね。

悠木　わたし、今のこの世の中で自分が男と生まれたら死んじまう。

渥美　女の人は強い。傷つかない部分ありますからね。

悠木　それを考えると、男の人がちょっと気の毒になったりするの。

渥美　男はブスッと刺すと、イタイタっていうところがあるね。女の人はゴムみたいにずっとへっこむと、プッと出てきちゃうみたいなもの、いい意味であるんじゃないでしょうか。

悠木　悪い意味でもありますけど。

渥美　それでなかったら、子ども育てて、食べ与えてできない。

悠木　たとえば自分が往生するときにいろいろな死に方が……望む人もあるし、考えもつかない人もいるだろうけど、渥美さんはどんなふうだと……？

渥美　そういうといかにも役者じみてね、友だちにも前に言われたんだけど、雨足というのは、パーッと降ると白くピューッとはねるでしょう、下が。それがちょうどひさしのところからザーッと落ちるとピューッとはねるじゃないですか。ちょうどそこのどぶのところに斜めに首をつっこんでぼくが倒れていて、何かぼくはそのとき半長をはいているような気がするんだよね。ぼくのむくろの上にピシーッと相当篠つく雨で、ぼくはどぶに顔つっこんで死んでいるという気が、とても前からしてしょうがないの。それが自分の最期だと。雨に打たれて死んでいるという。それは何だろうな、ほら、役者するくらいだから、手前が好きだから。いろいろ考えてみたらね、おふくろが、お前が生まれる晩は篠つくような雨だったよ。お産婆さんを呼んだらね、お産婆さんが着物をこういうふうにはしょって、長靴をはいてお前のところに来た。お前が生まれたとき、まるで浪花節語《なにわぶし》りのようにウワーという声を出して泣いたんで、「ああ、この子は声がとても強いから元気な男の子ですよ」とお産婆さんが言ったのを覚えているって。そういうこと、小さいときに聞いたのがずっとぼくの中にある。おれはもしかしたら先に行って良くないんじゃないか。どっかで、きっと役者やっていてもだめになって、馬券売り場かなんかではずれ馬券拾っていて、あるいは職業安定所かなんかのどぶのところで、こういうときは半長靴をはいて死ぬんじゃないかという、非常に自分で納得のいく終末にしているんですね。これはやっぱり役者だから、こういう終末の仕方に自分を持っていっているのよ。

悠木　でも、そういうイメージ抱いている人って少ないですね。おもしろいですねえ。

渥美　そういうところが、役者だなあって自分で思うんだけどね。もしそうなっていたら、もし来世というものがあったとしたら、非常に話のうまい、ある程度誠実なやつが、「おれ見ていたけど、お前そうだったよ。半長はいてな、どぶにこうなって。だけど、お前の半長、片っぽうポーンと向こうのほうに飛んでいた。おそらく雨の日にスリップしてやられたんじゃないか」ってぼくにうまく説明してくれる友だちがいたら、来世で聞きたいね。

悠木千帆の一言

わたしは渥美さんのTVドラマを一本保存してます。本当はこれは先ごろ若くして亡くなられた川添梶子さん〔イタリア料理店「キャンティ」(東京・六本木) オーナー、1974年5月死去〕のものでした。亡くなる前日お借りして、そのままになってしまいました。『放蕩息子』という作品ですが、渥美さん独特の〝なまけ〟と〝のめり込み〟がよく表れていると思います。

御自身のイメージの死とは違いますが、この息子も死にます。大店《おおだな》の息子が放蕩の末乞食になって帰ってきて、乞食になってもおかかの削り方や、ご飯の炊き方に注文をつけるのです。そしてそのほおばった銀しゃりが喉につっかかりあっけなく死にます。ニッコリ笑って死ぬのです。その笑顔のある種の怖さは、渥美さんの素顔に漂う虚無かもしれません。しかし、その虚無の目があるから、あんなに熱い寅さんや放蕩息子が演じられるのでしょう。

中村勘九郎

はたちの恋

五代目・中村勘九郎　なかむら　かんくろう

歌舞伎役者。1955（昭和30）年5月30日東京都生まれ。59年、五代目中村勘九郎の名で初舞台。2005年、十八代目中村勘三郎を襲名。祖父と父の芸を継承し、古典から新歌舞伎までどんな役でも魅せる一方で、「コクーン歌舞伎」や「平成中村座」を立ち上げ、意欲的に新作に取り組んだ。芸術祭賞、第52回菊池寛賞、紫綬褒章、ジョン・F・ケネディセンター芸術金賞ほか受賞多数。12年12月5日死去。享年57。対談当時は20歳。この4年後、歌舞伎役者・七代目中村芝翫の次女好江と結婚。

細くて鼻がすっと高くて、という人はだめなんです

悠木　どうもしばらくでした、ほんとに。今、お幾つになられたんですか。

勘九郎　はたちです。

悠木　はたちですか、若いんですねえ。きょうはわたし勘九郎さんに、女について話を聞きたいのね。

勘九郎　なるほど。

悠木　答えたくなければそのぶんは答えなくて結構ですよ。
個人的にだれの話というんじゃなくて女が整形するというのどう思いますか。

勘九郎　ばかばかしいですね。

悠木　これからしようということだったら、もちろんとめる？

勘九郎　その人がきれいだなと思ってつき合っていて、それが鼻整形したと聞いてもね。

悠木　それでいやになることは。

勘九郎　それでは、ないと思うんです。そういうものじゃないけれども、ばかばかしいという感じ。いやじゃないですよ。だから、女の人がそういうことをするというのは、まあ女の人から見ればきれいになりたいという願望あるだろうからいいけれども、ぼくから見るとね。もちろん整形するといって病院に行こうとしたら、気違いみたいにとめますよ。

悠木　どうしてとめるんですか。

勘九郎　何も顔変えてまで。

悠木　もし惚れた女が行こうとしたら。

勘九郎　とめますよ。それでいいと思っているから惚れるんだし。

悠木　ためしに、してみたらという気にもならない。

勘九郎　ならないですね。

悠木　たとえば整形した人、わかります？　あのね、こういう現象があるの。女から見ると、整形した顔というのは一目瞭然なの。それぐらい整形の技術というのまだ発達していないと思うの、わかっちゃうんだから。だけど、男の人から見てわからないというのよ。

勘九郎　言われない限りはわからないですよ。ぼく、どっちかというと整形的美人、まあよくわからないですけれども、細くて鼻がすっと高くて——好みの問題ですけど、目がすっとしていてという人はだめなんです。

悠木　ぽちゃっとして、どっか崩れていて、それでチャーミングな。

勘九郎　そうなんです。

悠木　顔かたちじゃなくて、表情が。輪郭とかそういう形じゃなくて、そこから作り出すふんいきが好きなのね。

勘九郎　あったかい、ここ（胸）から出てくるような感じするでしょう。冷たくない。すっとしていて冷たいというのは、どうもね。

悠木　でも、それとは別にセックスなんていうのにすごく興味を持つ……もう終わっているのかな、持ち出す年齢は。もちろん個人差あるけども。これからすごい上昇機運になってくるわけでしょう、体力的にも。

勘九郎　そうですね。高校生のときですね、やっぱりみんな友だちなんか……。

悠木　カーッときますか。

勘九郎　セックスに限らず、踊りに行ったりということをやっていましたけれども、このごろ何か全然しませんね、そういうこと。踊りに行くとか発散するということを。

悠木　じゃ、別のところで発散している。

勘九郎　このごろすごく頭で考えるというか、行動しないみたい。

悠木　でも、頭使うと疲れるのよね。踊らなくても、同じように。それで、わりと体によくないんだけれども（笑）。それじゃ、はたちの勘九郎さんから見て、男と女のセックスみたいなものをどういうふうに考える？

勘九郎　どうでしょうね。

悠木　この間、〔フォード米〕大統領の奥さんが婚前交渉は当然だみたいな発言していたでしょう。

勘九郎　ああ、娘がどうのこうの。それはいいじゃないですか。

悠木　今十四ぐらいでなくしちゃう人、ずいぶんいるんですよね。そういうのはどう？

勘九郎　ウン。ほんとに好きだったらいいんじゃないかな。

悠木　わたしは人間が成長していくのに、どっか支障をきたすような気がするのね。十四、五ごろだと。

勘九郎　それは十四、五ごろはね、まだ。

悠木　いくら欲求があってもね。わたしは男の人で小柄な人を見ると、どうして背が伸びなかったんだと聞くのよ（笑）。早いうちから女遊びすると絶対に背なんか伸びないからって、そういうふうにわざといじめるんだけど。まあ人によるけどね。

勘九郎　その人個人によるし。まあ十四、五でほんとうに愛し合えることは、今考えるとないと思うわけですよ。

悠木　何か浅いような気がするわけ。

勘九郎　二十五、三十になって十五、六のときを思い浮かべてみたらば。

悠木　今わたしが三十で惚れた人がいるとすると、それが四十になってもう一回恋愛したとすると、あのときのはうそだったなあと思うかもしれないしね。そうしてみると、十五の子は十五の子なりに一生懸命なのかしれないのね。

勘九郎　むずかしいですね。

悠木　セックスは最高だと思うことありますか。おぼれたりする時期というの、あります、今？　何日間もみたいに。

勘九郎　おぼれるということは。

悠木　ああ、ないの。

勘九郎　ただ、何というか、ほんとに愛し合っていればいいんじゃないですか。
悠木　なしでもいいですか。
勘九郎　いや、なしということはないでしょうね。

自分の子どもに勘三郎をつがして、どなってやろう

悠木　今までフリーになったときあります。だれもいないときって。
勘九郎　ないですね。
悠木　やっぱり何となくダブっている。
勘九郎　そうですね。
悠木　それは女は平気なのよ。一瞬の空白というの持てるのね。男の人のほとんどは、みんなダブっている。それ見ると男というのは弱いものなんだって思うの。
勘九郎　そういう感じしますね。男のほうが何かかわいい感じ。ぼくが男だから言うのはおかしいけれども、何でも女の人って間違えたことあんまり言わないところあるんですよね。ぼくのほうがこけたり。それは絶対。

悠木　それを辻つま合わせようとするでしょう、男のほうが。

勘九郎　こけたのに、居直ってね。

悠木　もとのところが間違っているのにね。そういう迫力っていうの感じると、ますます女ってこわくないですか。それとは別に惚れますか。

勘九郎　そうですね。たとえば何かやって負けるでしょう。そうするとカッときておこるでしょう。わざと負けてくれたりする人がいるわけです。そういうのはとてもいやなわけ。こっちはおこっているのに、気違いみたいに勝つわけですよ。そうすると、ああ、いいなと思う。

悠木　最近、人のやさしさについてときどき考えるんだけど、女にやさしさを感じるときって、どんなとき。

勘九郎　そうですね、どういうときかな。自分が間違えたことをしているとわかっているでしょう。それでも押し通そうとしているときに、それは違うといわれたとき。とても、ああ、すごくやさしいなと思うんですね。間違えているときにいい顔して「そうね」ってあいづち打たれると、ひねくれているから。

悠木　でも、あとで傷つくものね、それが間違っていたと知ったときにね。

勘九郎　そのときはカチンとくるけれども、よく考えてみるとやっぱりやさしいなと思うんですよね。だから、芝居でも、けなされると、何か信じられるみたいな。それはまたちょっと考えすぎかもしれないけれども。

悠木　まあ、ほんとのことを言ってくれる人が。

勘九郎　……人がいちばん自分を好きになってくれているような気がするわけですよね。

悠木　それは人のやさしさで、女というふうに特別感じたことはない？　ああ、これは女のやさしさだなというふうに。

勘九郎　そうですね、何でもやさしいと思っちゃうから、フフフフ。

悠木　いま学生？　どこの。

勘九郎　國學院です。大学に行こうと思ったのは、何かあるんじゃないかと思って。好奇心が強いから、それで入ったわけですよ。友だちを見つけたい。勉強よりも。でも、未だに誘いの電話があったり、夜飲みに行ったりするのは、みんな高校の友だちですね。

悠木　珍しいですね。たいがい大学で友だちができるんだけれども。じゃ、ほとんど学校は、行かないときのほうが多いのね。

勘九郎　ええ、ことしになってからは……。去年は行きました。

悠木　それは大学で勉強する期間、惚れた人と一緒にいたほうがものにはなりますね（笑）。

勘九郎　なるほどね。

悠木　だって、何にもならないもの。行ってただ勉強しているよりはね、そのほうが人間も見られるし、すてきな発見もあるんだろうなと思う。

勘九郎　ぼく、この四月に名題《なだい》披露が歌舞伎座であるので忙しいんです。鏡獅子の大役をやらせてもらいます。

悠木　襲名？

勘九郎　襲名はしないです。ぼく、勘九郎で通そうと思って。

悠木　それがちゃんとした名前になるわけ？　どういうことですか。

勘九郎　名題というと、落語でいう真打《しんうち》みたいなものでしょう。まあ真打までいかないかもしれない。試験があるんです。うちのおやじだとか、歌右衛門のおじさんだとか、ずっと並んでいるわけです。そこで芝居を一人でさせられる。いやですよ、それは。ふるえますよ。

悠木　それに通るとどうなんですか。

勘九郎　通ると名題。くだらない、あってなきがごとしなんですけれども。たとえば、列車も一等に乗れるとか、そういう一人前という扱いですね。

悠木　成人式を迎えて。ああ、なるほどね。

勘九郎　それで、ぼくは自分の子どもに勘三郎をつがして、どなってやろうかと思っているんです（笑）。

悠木　目標というとおかしいけれども、どんな役者になりたいですか。ああいう人っていうんじゃなくていいから。

勘九郎　ああいう人というのは、いるんです。見たことないんです、これは。会ったこともなければ。死んじゃったから。六代目〔尾上菊五郎〕。

悠木　お話に聞く？

勘九郎　それと、本とか映画ね。映画もほんとうは見たくなかったんです。話と本で、頭の中で描いて。

悠木　特にどういうところが。

勘九郎　かわいいんですよね、すごく。まあ会ったことないからあれですけど。すごくかわいい人だった。

悠木　それは人間としてかわいかった?
勘九郎　だから、芝居もかわいかったらしいです。
悠木　かわいいというのは。
勘九郎　とても素直だし、ひねくれているし、むずかしいですね、そこが。
悠木　欲望のままというのでもないわけね。自分の我みたいなものを通し続けるというのでもないわけ。
勘九郎　通し続けちゃうんだけれども、最後にぺろっと舌出しちゃうような人だった。あやまって。

悠木千帆の一言

青年とは若く美しい怪物である。ポール・ニザンはこう言った。

「ぼくは二十歳だった。それが人の一生でいちばん美しい年齢だなどと誰にも言わせない」

中村勘九郎、二十歳。創造する者にとっては、比較的恵まれた環境で育った彼は、いま実にすがすがしい男に成長した。男の勝手さや、やさしさが、好感のもてる一人の人間をつくり出している。だけどそこには、青年を感じることができなかった。たぶん、いっとう大切な不充足感と怒りが、どこかに押しこめられているからだと思う。

　男とは女によって変化するものだ。その人を深く知り、そして彼自身の中からほとばしり出る怒りや不充足を見つけてほしい。四月に名題になるという。その舞台は若く美しい怪物を感じさせてくれることを期待している。

草野心平

生きるスタイル

草野心平　くさの しんぺい

詩人。1903（明治36）年5月12日福島県生まれ。21年、中国広東省の嶺南大学（現・中山大学）に留学し、詩作を始める。25年に帰国、宮沢賢治らと同人誌『銅鑼』で交流する。貧困の中、新聞記者、焼鳥屋、出版社の校正係などで生活の糧を得ながら、詩や画など多彩な創作活動を続ける。35年、中原中也らと現代詩の同人誌『歴程』を創刊。「蛙の詩」で49年度読売文学賞（詩歌賞）、『わが光太郎』で69年度読売文学賞（評論・伝記賞）を受賞。87年文化勲章受章。88年11月12日死去。享年85。

対談当時は72歳。25歳で結婚、四男一女をもうける。

お手本は見て、忘れる。そうすると自分のものが書ける

悠木　もちろんお酒がいいでしょうね。

草野　そうね、お酒を……。食べるものはほとんど入らないんだ。ぼくは。

悠木　食欲がない？

草野　そうでなくて。胃が三分の一しかないでしょう。切ったから。だから、入らないの。液体なら入るんだけど。

悠木　わたしは前に歴程の会に参加させていただいたのに何にもしゃべれなくて。それがわざわざお礼状をいただいて、悠木千帆様と書いてありましたの。びっくりしました。あまりすてきな字なんで。

草野　ほんと？

悠木　書のほうではすごいんだそうですね。いや、すごいんだそうですねなんて聞くのもおろかしいんですけど。

草野　近く、書の本が出るんです。

悠木　字について特別習うということじゃないと思うんですけれども、書の本であまり見たことないような。

草野　向こうの中国の法帖は見るけどね、それは見て忘れるようにするわけ。それを土台にして習字するということは絶対にない。見て、忘れて。そうすると、自分のもの書けるでしょう。しかし、勉強はしなきゃだめだから、見て勉強するわけ。

悠木　ああ、やっぱり。なるほどな。草野さんの場合は独特の風格で。

草野　役者でも何でも一つの個性というものが出なければだめでしょう。それと同じで、やっぱり字だって絵だって個性がなくちゃおもしろくない。

悠木　わたしはどういう勉強をしていらっしゃるのかなと思って、それをちょっと知りたかった。

草野　向こうの法帖なんか時たま見てるけど、日本の書家の字は勉強しない。

悠木　なるほどねえ。それを一つ通り越すわけですね。そういうものの見方というのは、子どものときからでしたか。たとえば字に対してでも。

草野　いや、子どものときは、小学校でやっぱり手本で習わせられたでしょう。習わなくなってからはね、自分の方法として見て忘れる便法を使った。それから一つは、ほら、中国にいたでしょう、若いとき。

悠木　いらっしゃいましたね。

草野　五年間向こうにいて、若いとき。あとは大人になってから五年間いて。はじめは街の看板の字なんか良くないと思っていた。よく見るといい字なんですよ。日本に帰ってきて東京の看板見るとね、いかにも看板屋の字なんだな。

悠木　画一化されたね。

草野　ウン。ほんとに画一化された場合には、かえって活字なんかのほうがきれいですよ。おんなじ宋朝でも、中国の宋朝というのは何かコクがあっていいね。

悠木　そうちょうって何ですか。

草野　宋の時代のね。今の場合、ふつう活字は明朝でしょう。その前の活字。宋の時代のスタイル。明朝だって非常にいいですよ。変な字よりは活字自体がおもしろいと思う。

悠木　わたしがたとえば詩を書くというと、今まで目にした教科書みたいな詩がダーッと頭に浮かんで、ああ、こういう形が詩だなと思うのと同じように、そういうものにとらわれていてなかなか抜け切れない。

草野　やっぱりはじめはとらわれているかもしれないですね。それから、それを抜け切る。小学生の詩なんか、ちっともとらわれていないんだ。中学、高等学校になるとだんだんとらわれてきて、つまらなくなっちゃう。ぼくの友だちに科学者がいて、その子どもが幼稚園の生徒なんですよね。それが、日本は竜の形に似ていますというんだね。われわれはそうは考えない。でも、やっぱりそれは詩の一行にちゃんとなっているわね。それは日本の形というものを、わりあいにつかんでいるんじゃないかと思うの。別の言葉で言えば、日本はタツノオトシゴに似ています。だから、ある意味じゃ、非論理的な論理というのかしら。それから、要するに的確な言葉をつかむということが大事だと思うんだけど。

悠木　そうなんですけど、それをご自分でいつごろから……なんていう話はヤボなんですけど、やはり草野さんの歩いていらっしゃった、出会った物だとか人だとかいうのは、選び取る能力というのは……。特に、そのもとは何でしょうか。

草野　ぼくなんかの時代は、中国の秀才連中がみんな日本へ留学しに来ていたときでね。ぼくの知っている範囲じゃ、日本人で向こうに留学したのは東和商事〔現・東宝東和〕の川喜多長政とぼくだけなんだ。川喜多君もぼくと同じく明治三十六年生まれで、おんなじ年に彼は東京の府立四中かな。そこから彼は北京大学に行って、ぼくは広東の嶺南大学にはいった。今でも二人で会うとよくしゃべるんだけれども、ああ、向こうで勉強したのがよかったなということ。

全体の教育のレベルとしては、向こうのほうが低いですよ。ところが、人間のレベルというところじゃ高いのね。どういうふうに高いかというと、無学文盲でも、字の書けない人でも、人間に感心させられるところがあるわけ。

悠木　教育そのもののレベルが低くてもということですね。

草野　それは非常に人間的な苦しみを長いこととしていた、ということからね、出てきたものじゃないかと思うんですけどね。

悠木　もしかしたら、民族的な……。

草野　西園寺公一《きんかず》〔中国との国交成立前に日中間の「民間外交」を行った〕と話しあったことがあるんですが、つまり後進国留学論、後進国へ留学することをすすめようじゃないかということを。というのはね、サイエンスの場合は、これは先進国で勉強しなきゃだめなんだ。けれどもたとえば文学とか政治とか、そうした人間性の勉強というものは後進国へ行ったらどうだ。ということは、後進国の人は苦しんでいるわけでしょう、人間的に。たとえばずっと前に国際ペン大会が東京であったときね、まだアルジェリアが独立しない前。そのときアルジェリアの代表の青年が、あなた方は幸福だというわけですよ。というのは、自分の母国語で詩でも小説でも書ける。自分たちはそれができないというわけですよ。これはやっぱりずいぶんつらいことでしょう。ラブレターも自分の言葉でやれないわけだから。そうすると、その人間の苦しみというものをしょっちゅう味わっているわけでしょう。そうすると、逆に、こんどは、こう言ったら相手を悲しませるとか、苦しませるということを避けるようになる。

高村光太郎のような品行方正はぼくはそう簡単にできない

悠木　どれだけ人がわかるかということですね。いやあ、わたしは吉野せいさんの本を読ましていただいて、感動的でしたね〔吉野せい『洟《はな》をたらした神』は草野のすすめによって執筆され、七十六歳で大宅壮一ノンフィクション賞、田村俊子賞を受賞し、話題となる〕。もちろん吉野せいさんも、そういう意味では、特に教育を受けていらっしゃらないのでしょうが、今いったそういう中国の人たちと同じような純粋なところで価値をしっかりとつかんでいる。あれを読んだときやっぱりゾッとしました。しばらくボーッとしていましたね、何日も。特にわたしがいいなと思ったのは、子どものくだりですね。子どもに対する考え方。人は、たった一人の子どもを産むんでも大仰に振舞いすぎる。自然というのはもっと自然に、雛《ひな》がかえったり虫が生まれたりしているのに、たった一人の子を育てるのに大仰に振舞う（笑）。

わたしは昔から妊婦がきらいでね、どうしてきらいかというと、ふんぞり返って世の中のえらいことをしているような感じで歩いているから。わたしは子どもを産むことに非常な恐怖を覚えていたし、大仰に、やっぱりかまえていたんですね。それをそのときからふっ切ったんですね。あの本を見ると、子どもを産もうという、それも決心とか何とかいうのでなくて、自然に自然にという感じがしました。

草野　あの人が賞をもらう前にね、ぼくはある文章書いたんですよ。その中でね、吉野せいさんと島尾ミホさん（島尾敏雄夫人）、この人も非常に素直に自分のことを書いている。あれもほんとうによかった。あなたは島尾ミホさんの、まだ見てないでしょう。是非、読まれるといいなあ。

悠木　その素直さというの、だんだんなくなっちゃって。草野さんの『私の中の流星群』という本の中で森田たまさんについて、最後の人、女としてああいう人はもう最後の人だろうと書いてあった。

草野　つまりあの人は、ぼくがいつも感心していたのはスタイリスト、ほんとうの意味でのスタイリストね。今ファッションばっかりの世の中でしょう。あの人の場合は自分の髪のかっこうね、よく合うんだ、またそれが。こんなふうに（髪を押さえて）。あれひっつめ銀杏《いちょう》返しというらしいの。外国に行っても日本の着物でなきゃ、あの人はおかしいでしょ。だから、自分に合うスタイルということを考えていた。あんたなんかもスタイリストだ。そういう意味じゃ（笑）。

悠木　いや。草野さん、最後の人に出会ったから、これからの女性はそれを超えるのはなかなか大変だと思ってきょうは来たんですけど。自分なりのものを持っているつもりでも、さっきの書じゃないけど、そこから抜け出ていない、それを一度消していない。消した人というのは、特に奇をてらったような感じで不消化で、また別の雑誌から出てきたみたいになっちゃう。それは考えなきゃいけない。

草野　ぼくは学生時代からずっと三つボタンなんですよ。これは半世紀前から。ところが、一つボタンがはやったときがある。二つボタンがはやったときもあるんだけれども、自分はいつも三つボタンだったなあ。近ごろマント着ている女の子なんかいるでしょう。ぼくはずっと二十代からマントだったが、女の子がこっちを見て「あ、男でもこんなの着ている仲間いる」みたいな顔して見られるんだ（笑）。こっちは自分の昔からのスタイルなんだ。

悠木　草野さんは、ときどき写真によって、こんなに頭の毛がひろがっちゃっている写真がありますけれども、きょうはちゃんと刈れているから……。

草野　きょうはシャッポ〔帽子〕かぶってきたでしょう。だから、キチン。夏冬、同じシャッポかぶっているんですよ。着物着てもそうなの。そうすると、何か自分でシャッポかぶっているのがごく自然になっちゃったのね。

悠木　一部分になっちゃったのね。たて続けにいろんなことをおうかがいしたいんですけど、女性というもの——一般的な女性じゃなくて、草野さんが出会った女性たちというのいますね。ご結婚なすって、ほかに女の人というのはだいぶつくられましたか。

草野　いました。

悠木　いまでもいらっしゃるんですか。

草野　もう、今はね。

悠木　お友だちみたいになっちゃって？

草野　ウン。

悠木　そうですか。わたしは女の側からいくと、もし女房だったらつらい思いをすると思うんですけれども、つらい思いをしていたみたいですか。奥さん。

草野　ウン。わりあいにそういうこと少なかったな。

悠木　えッ？　少なかったって（笑）。

草野　少なかったということはね、つらい思いということね（笑）。女房もね、結婚してから、ぼくは浮気したけれども、女房も一度ぐらいしたようじゃないかなあ。

悠木　それはわからない。だから……。

草野　少なくとも心の上でね。

悠木　あ、それはありますね。

草野　あったと思うんです。それはこっちがしたから仕方がないと思っていた。

悠木　なるほど、それは許せたわけですね。何なんでしょうね。奥さんがいてほかに女の人に目がいくというのも、自然なことなんですけれども。そうすると……。それでも、なおかつ結婚という形を取ったほうがいいんでしょうか。苦しむのをわかっていても。

草野　それはあなたに聞きたいな（笑）。

悠木　きっとみんな聞きたいんじゃないかと思うんだけれども。

草野　だって、ぼくは高村光太郎は好きですけどね、ぼくのほんとうの大先輩でね。『わが光太郎』なんて書いたほどですからね。ああいうまねは、ぼくにはできない。で、できないことが自然だ。自然だっていうことを、高村さんは見ていたな。

悠木　それじゃ、高村光太郎さんという人はご自分の生き方を不自然だと思っていらっしゃった。

草野　いやいや、思っていなかったね。

悠木　高村さんは、それなりに自然だった。

草野　ウン。つまりそれが高村スタイルだな。だから、やっぱり智恵子さんという人にほんとうに恋愛し、自分の救世主みたいに思っちゃっているんだね。それが死んでからでも思っていた。そういう意味じゃほんとうにまれな……。若いときはデカダンの時代もあったですよね。智恵子に救われたということで、そこから光太郎の倫理が始まったわけです。智恵子さんが精神分裂症になったときは五十ちょっと過ぎぐらいでしょう。それから、異性との関係はないね。それでいて、自分で書いているけれども、そういうもの全然なくなっちゃだめだ、それで、夢で智恵子さんと感じるみたいな詩を書いていますよ。

悠木 はあ。

草野 ぼくはそんな品行方正は（笑）、そう簡単にはできない性分でね。

人間として好きな女性は、女の形してるだけで女性じゃない

悠木 性欲というの、年をとるとどうなるんでしょう、女の人の場合。

草野 やっぱり少なくなるんじゃない？

悠木 でも、ありますよね、年とっても。それでも、ダンナさんがほかのところに行ってほったらかしにされて……。それで更年期障害というの起こるんでしょうか（笑）。

草野 そういうこともあり得るね。おそらく。性の問題というのはむずかしい問題でね。つまり人間というやつは、肉体でしょう。ぼくは肉液ということを言いたいんですよ。つまり肉体というやつは、骨が中心なんですよ。人間の体というやつは、骨よりも水分がね。

悠木　三分の二というわね。

草野　ウン。それは人間が生まれたときから液体的なものなんですよ。それで、人間の歴史をつくったものも、つまり液ですよ。たとえば精液とかね。骨が人間をつくったんじゃなくて、液体ですよ。ただ、人間の歴史をつくったものは、詩人のぼくとしては液射、これが人間の歴史。骨じゃないんだな。だから、高村光太郎とかまたは宮沢賢治みたいな一生童貞で過ごしたような感じの人は、液射じゃないんだよ。ぼくは液射派で、彼らは骨派なんだ。骨派に対する、ぼくは一つの憧憬を持っているわけだ。

悠木　でも、向こうもあったでしょうね、草野さんに対して。

草野　ウーン、逆にね。それでね、高村さんにある人が会って、草野君はいろいろ悪いことをしているんだといって、女との関係もあるんですよといったらね、高村さん、こうやって（右手の指を五つ折り）このくらいあるだろう。

悠木　五本の指折って？　それはそれで認めていらっしゃるのね。それは自然の生き方だ。

草野　ウン。それを知っていての友情というものね。

悠木　わたしは、もしも夫のそういう女が発覚したら、すぐ別れようといつも頭の中で思っていたんですけれども、それを乗りこえる愛情がもっとあれば、そんなものは飛ばすべきですね。

草野　そうね（笑）。

悠木　そうねって……。

草野　ときに、あなたの名前は本名？

悠木　いえ、芸名です。本名は内田啓子。

草野　あなたがつけたの、芸名？

悠木　うちの父親とね、タレントというのははでな名前がいい。草野さんみたいに最初から心平なんていい名前じゃないものですから、どこにでも啓子なんているものですから、それはもう勇気りんりんで、最初凜子にしようと思ったんですけれども、凜子というのはちょっと喜劇的だから、前川千帆という版画の人がいて、じゃそれでと……。草野さんのお子さんは何という名前ですか。

草野　いちばん上が雷《らい》。雷の名所上州で生まれたからね。次は大作。相馬大作みたいになってもらいたい。三番目はめんどうくさくなってね。

悠木　どうして。

草野　碧《みどり》。女の子でね。四番目はぼくが中国旅行していたときにできたんですね。こんな貧乏ばかりしているのはいやだ、一人ぐらい実業家になってミリオネーアになってくれという意味で、万吉。それから最後は、一人ぐらい「平」を継がせたいと思って、光平。

悠木　草野さんのお兄さん、弟さん、天平、民平、あれはおもしろいつけ方ですね。……女の人の話をたくさん聞きたいんだけれども（笑）。そうすると、女に対して好きだとか……惚れるんでしょうか。

草野　やっぱり惚れますね。惚れるけれども……惚れられたほうが多いんじゃないかな。

悠木　そのための努力はしますか。

草野　しない。惚れた人、好きな人にことさらものをあげるとか、そういうことはぼくはしないです。

悠木　あるがままいる草野さんを見てすてきだと思う人は……女というのはあまり価値観正しくないですからね。

草野　ぼくの知っている友だちにね、女が好きになるとむりしていろんなものを買ってあげるのがいるんだよ。ぼくはそれができないんだ、恥ずかしくて。恥ずかしいという気持ちね。それよりも直接に、何か心と心が合えばいいじゃないかという、非常にシンプルな考え方。だから、女の人にとっては、ぼくはぐあい悪いと思うんだけれども。だけど、ぼくにはそれが自然で、そういうやり方がぼくのスタイルだから、しょうがないな。

悠木　いや、しかし、わたしが奥さんだったら非常に傷つくことですね。たとえば草野さんがね、女抱きたいといって抱いてきて、ものを与えてサヨナラというつき合い方をしてくれるんだったら、まだ許せるけれども、ほんとうに心と心がダイレクトに結びついてなんて、あっちでもこっちでもやられていたら、奥さんは自信なくなっちゃう。

草野　ものをやって、それでサヨナラじゃ、女の人を侮辱することになると思うんだ。

悠木　その女の人はいいですよ、草野さんの惚れた女の人はいいけれども、奥さんはさびしいわ。

草野　ああ、なるほど。ああそうか。ワッハッハ。

悠木　そういうダンナさん持ったら、気が気じゃないわ。やっぱり誇りを持ちたいというふうに……。

草野　ウーン。しかし、そんなに苦しみもしなかったと思うんだけどね。

悠木　そうですかね。じゃあ、よかったですね。

草野　ウン。

悠木　ウンなんて。表には出さないけれども。落語じゃないけど、カァッと燃えているかもしれない。

草野　問題は……。ああ、そうか。今はじめてふっと。『婦人公論』なんだな。酒もう一ぱいもらってよ。でないと、もう沈黙しちゃうから。

悠木　いっぱいうかがいたいことがありまして、何だかわからなくなっちゃったんですけれども。

草野　そうだ。ぼくもわからなくなっちゃった。だけど、ぼくはわりあい正直にしゃべっているつもり。

悠木　そうです。とても（笑）。わたしは骨の宮沢賢治さんみたいな、そっちのほうが受け入れられるんですけれども、だけど、そういう人ほんとうに少ないし、生きていけないでしょうね。女の人によってずいぶん大きく変わったということ、ありますか。女というのは救いになるかどうかということも含めて。女がそばにいるということが。

草野　それはやっぱり人間ね、女も男の人がいなければ困るし、男も女の人がいなければ困るというところ。カエルだってそうでしょう。人間より先に生まれているけれども。男、女があってね、ずっと永い歴史がある。それがなかったら、もうだめですね。ただ、それをどういうふうにバランス取っていくかということでしょう。

悠木 そうすると、男の人といるときと女の人といるときは、当然違いますね。

草野 感じ？

悠木 だから、友だちとしての男と、女といるときというのは当然違うんだけれども、それは……。

草野 つまり女性として好きというのと、人間として好きというのとあるでしょう。人間として好きな女性は女性じゃないんだな。

悠木 いくら女の形していてもね。

草野 たとえばぼくがあなたを尊敬する、それで恋愛を感じないとするね。そのときやっぱり人間としての、男性も女性もないな。ぼくの生き方はそうですね。

悠木 そうすると、女の形をしているだけじゃなくて、女そのものが男にとって必要で。

草野 それはもちろんそうです。それがなかったら、人間もすべての動物も滅亡で、滅亡したほうがいいくらいのものだ。

悠木千帆の一言

男っていいなあと思うことがあります。それは男に色気を感じた時です。わたしは色っぽい男に出逢うと、自分でも感じるくらい気持ちが豊かになり優しくなります。そんな時鏡をみたらきっといい顔をしてるでしょう。と同時に、自分の中の女を感じます。男の色気はわたしにとっていっとう関心があり、価値判断の基になります。

草野心平さんはいわゆる男前ではなく、服や髪形も特別うるさそうにも思えません。おまけに七十歳を過ぎています。ところが色気を感じさせるのです。実に色っぽい。男の色気、それは若さや容姿ではなく、恥じらいから生まれるものだと思っています。

この世に生まれてしまった身を恥じらい、なお生きてるということを恥じらう気持ちがフッとみえた時、わたしは男って色っぽいなと思うのです。そんな時こそ男にとって女が必要だし、女は男に心底惚れるのじゃないでしょうか。

萩本欽一

結婚ドンといけないわけ

萩本欽一　はぎもと きんいち

コメディアン。1941（昭和16）年5月7日東京生まれ。高校卒業後、浅草東洋劇場に入る。66年、坂上二郎とコンビ「コント55号」を結成。テレビ番組『お昼のゴールデンショー』『コント55号のなんでそうなるの?』などで人気絶頂に。71年に始まった『スター誕生』では新しい司会者像をつくり上げた。80年代には『欽ちゃんのどこまでやるの!?』『欽ドン！ 良い子悪い子普通の子』などで視聴率「100%男」の異名をとった。その後も、長野オリンピック閉会式総合司会、茨城ゴールデンゴールズ監督などで活躍。2015年4月より駒澤大学仏教学部に在籍。

対談当時は34歳。前年に一般女性との間に長男が生まれており、76年7月に妻子がいることを公表している。

人間って、いいところを
みんな持っているのね

萩本　いや、ちょっと病院に行ったらね、先生が……。

悠木　いろいろなところ見られちゃったの？

萩本　そうなの。ほんとに、とてもだめな人だと思っているでしょうね。

悠木　いや、待っているほうが、すごく優位に立つから、こういうときは。

萩本　すいません。……って大きく。遅れるということで悲しくなるのね。人間まで問われるようで。もうおそらくだめよ。そういうところから人間破滅していくね、だいたい。

悠木　そんな年でもないでしょう。今、いくつですか。

萩本　三十四。

悠木　昭和十六年？

萩本　そうです。同じぐらいですか。

悠木　わたし、十八年。

萩本　ごめんなさい、同じなんて。

悠木　同じようなものです。でも、すごく若く見えるわね。

萩本　そういうふうに一生懸命、見てもらいたいと思って。

悠木　それじゃ、おなかもすいているでしょう。

萩本　ごはん食べると痛くなるのよ。何だかわからないのね。だから、一週間、ほとんど朝めし、夜ごはん、今食べてないの。おなかすくのと、おなかが痛いのとどっちとるかというと、おなかすくほうが楽だからね。

悠木　ここのところ萩本さんについての話題が多くて、この間も何かに書いてあったな。欠点を見つけようもない、っていうの。悪口を書きにくいタイプの人だって。

萩本　それはめっけものですね。もうかりますね、タレントとして。非常に商売やりいいという形でしょうね。

悠木　今ずっと続いている番組がありますね、何本か。それはどこが魅力だと思いますか、ご自分で。

萩本　一生懸命やるということね。タレントさん、だれも一生懸命やってない人いないです。でも、一生懸命の考え方が違うの。ぼくは自分の出ないところも一生懸命になるわけ。だから、しろうとの人が座っているだけでも、お客さんは足が気になるから少しこっちにはすにしたほうがいいんではないかとか、すべて。たとえば『スター誕生』で合格してね、合格したにもかかわらず、「はい、どうぞ」と言ってしまったら泣く瞬間もないじゃないか。うんとしたるために、「はい、どうぞ」とぼくが呼ぶんじゃなくて、ぼくがほんとうは行くんじゃないかとかね。そうすることによって、小さな女の子が喜びにしたっている時間が長くて、少しでも長くいさせてあげるのがその子にとってよくて、実は番組にとってもいいんじゃないかとか。

悠木　わたしは『スター誕生』ではじめて、一人で司会をやっているのを拝見したときに、なんてあったかい人だと思ったの。だいたいわたしは宮田輝さんみたいな司会は、とても受けつけないのね。どうしてかというと、言葉づかいだとか、顔のにこやかさだとか、実にあったかい感じはするけれども、そこの裏っかわにある慇懃《いんぎん》無礼《ぶれい》さみたいなものは、あれは司会をやってはいけない要素をたくさん持っていると思っていたの。それはわたし、中学校のころから、ずっと思っていたんだけれども、とても寿命が長くて。

萩本　プッ（吹き出す）。

悠木　わたしはどうしてそれをお客が感じないのかなとずっと思っていたの。これが司会者だと思ったのは萩本さんなんです。

萩本　ぼくは実は司会って、コメディアンにとって屈辱なわけね。人を立たせるという仕事だから。だから、はじめ司会やってくれと言われたとき、ぼくはコメディアンとしておしまいだ、屈辱だ、そのお仕事はできないと言ったの。今の欽ドンのディレクターが、お友だちだからやってって。じゃ、お友だちだから、ということだけでやったの。でも、屈辱だよと言ってやったわけ。実は、へただというのはよく知っているわけだ。人を立たせることもできないし、きれいな言葉も使えないわけ。どうしたらいいだろう、困ったわけ。まず、いいや、その人とお友だちとしてぼくがいっちゃおう。だから、先生も何もありはしない。

悠木　笑わせようとするところに持っていかなかったと思うのね。自然と、その子の動きを見ていて、ポソッと言った言葉が、お客に受けたり、結果的にはそうなっても、この子を素材としてその場をもたせようと思わなかったと思う。

萩本　その子が発揮してくれるの。

悠木　それは発揮するようにしているのね。それをまず最初に見抜いて、そこにぴたっとフィットして。だからといって、媚びるんじゃなくてね。

萩本　子どもたちとか、しろうとのふつうに生活している人にみんなおもしろいところがあるというのに気がついたのは、あの司会をしているときにね。だから、われわれは一生懸命笑いをつくったけれども、ぼくがギャグも打ちあわせもしていないのにこんなにお客さんが笑うのは、笑いって、ひょっとしたらつくるものじゃなくて、その場でつくられていくんじゃないか、という気がしたの。だから、そこに持っているでこぼこなものとまったいらなものと合わせると合わないよ、と言っておかしい場合と、うまく合っておかしい場合と、いろいろあったような気がしてきたのね。あ、司会って、もしかしたら、これがほんとうの……。

悠木　即興漫才なんですよ。

萩本　それが笑いかもしれないなと気がついたのは、あの子どもたちと会ってから。

早くカアちゃんと一緒に住みたくてたまんない

悠木　いますか、惚れている人。

萩本　惚れているというか、そういうタイプ、あこがれるという、あこがれね。ありますよ、それは。

悠木　女の人については、ご自分でしゃべったのほとんど聞かないですね。

萩本　どうしてかというと、テレビを見ている人というのは、そういうことってあまり関係ないわけよ。だけど、知ったら最後、ものすごい関係あるの。ぼくは、今まで七人ぐらいの女性と活字になりましたよ、大きかれ小さかれ。ぼくが思ったのは、ぼくの言い分には関係なく、勝手に出て行くわけ。勝手に出て行ったところでさ、独身というのはうそつき、といってさ。今まで、変な話、一日三百のファンレターが来ていたとすると、その活字が出たら、百五十になるわけだ。うそつきと書いてあるのが百五十で、実はファンレターじゃない。百五十はばかばかしくなってやめていった。また次に出るわけ。だれかとつき合っているらしい。出たときに、ファンレターは七十しかないわけ。あなたは、一度なら許せるけれども二度は許せない。ぼくは別に許すとか、悪いことしたわけじゃない。それが三人出るとファンレター一枚も来なくなる。

悠木　でも、それとは別なものになりませんかね。

萩本　ウウン。だって、現に……。

悠木　それはつらいですねえ。
萩本　つらいって、みんなそうじゃない。
悠木　梅宮辰夫なんて、すればするほど迫力がある。質は違うけれどもね。
萩本　そういう分野で生きている場合は、ぼくの場合、「お前、何ちゃん」といって生活しているものは、何ちゃんの関係がすべて絶ち切られる。
悠木　お嫁さん、来ちゃいけないのね。
萩本　来てもいいの。
悠木　きちっとした形で、子どもたちの親が納得する道徳観を持っていればいいわけね。
萩本　だから、こうやって結婚式をして、にっこり笑って記者会見して、この人ですと奥さんがテレビに出て、「ああ、いい奥さんもらって、欽ちゃんしあわせね」とみんなに祝福されて、この家で、今こうやって生活しています。そういう形で視聴者と結びついていかなければいけない、という気がするのね。
　ところが、その分野だけはぼくの……。そこの部分だけは自分の意志でものごとを解決したいというのがあるわけ。それは自分だけの宝物なわけよ。この宝物だけはそっとぼくだけの秘密にしておきたい、というのがあるわけね。それと、結婚に対する理想もあるのね。

悠木　どんなんですか。

萩本　それは、これだけお金もらったり、これだけいろいろと、ほんとうに楽しましてくれるという形でいくと、自分であって自分でないような気もするのね。だから、一つの、捧げるという感じがするの。よく青春を捧げるとか肉体を捧げるとか、いろいろあるじゃない。もうこれからわがままに、ぼくは遊びたいからきょうでやめて、あしたは遊びに行くというわけにいかないでしょう。一生懸命おもしろいこと考えているでしょう。おもしろいことって、じゃ、どこで考えるか、まさかテレビ局に行って考えていたんじゃ遅いわけでしょう。うちで考えるよりほかないと思うのね。

奥さんがいたとするわね。ぼくは奥さん大事にするよ。「ねぇ、おふろへあんた入る」って言えば、「うん、一緒に入ろうよ。背中流して」ぼくは甘えると思うのね。甘えていれば、こんな幸せなことはないし、さあさあそれから「ごはんができました。あったかいうちに食べて」「どうもありがとうよ」「あなた、きょう何があったの」「きょうは」と、まず、せっかくそばにいる女の人だから、うんと笑わしてあげようと思うし、うしろからスカートめくったりなんかして、いろいろなことすると思うの。そういうふうに自分も楽しむと思うの。それで、テレビ局。さあ起きて、さて、何を考えるかというと、もう間に合わないわけよ。だからね、よく奥さんもらって食事をつくってもらって、身の回りのことをしてもらったら楽じゃないかって。実は楽じゃなくてものすごく、考える暇もなくなって……。ぼくはすぐ没入するタイプだから。

悠木　そのでんでいうと、家庭をつくるある理想がありますね、どういうのがぼくの結婚だという。

萩本　だから、人間一生で五十年とするわね、忙しいのは五年だと思ったわけ。五年だけは、ああ一割か没頭しようと思ったわけ。没頭したわけよ。そうしたら、また五年延びちゃったわけ。だから、ぼくはいつでも思うのは、来年こそは人気がなくなるから、人気がなくなったらやめて、結婚しようと毎年思うわけ。だから、週刊誌の人が、結婚はというと、来年の春。いつも言うの。そういつもきめているわけよ。

悠木　それがたまたま延びるだけね。

萩本　よし、この一年は徹底的にいこうといって、やったらさ、その一年が……。

悠木　またそれも延びる可能性あるわけですよね。

萩本　ですから、来年春、と言って五年言い続けているわけですよ。お前、うそじゃないか。いやいや、精神的にはそうなわけ。来年の春はちゃんと没頭、没入したいと思っているわけ。それが夢だから。だから、結婚したくないんじゃなくて、早くカアちゃんと一緒に住みたくてたまんないわけ。

悠木　ところが、人気も落ちて、いざ結婚できるときになったら、相手はいませんよ。

萩本　いえ、だから……だから、ちゃんとツバつけておいてさ、えいっと。

家庭の中の女性のほとんどがぼやいているわけ

悠木　じゃ、最後に、自分が今つき合っている女の人とか、そういうことは一切なくして、あってもなくてもどっちでもいいですけど……。

萩本　それに関して正直にいうと、いる。

悠木　それはいいの。ただ、自分の理想とする女というのを……。ほんとに欽ちゃんのお嫁さんになりたいと思っている人、いると思うのね。それは異常な恋こがれ方で……。

萩本　うれしい話ですね。

悠木　ダンナさんのいる人でも、いいなと思っている人、ほんとにいる。そういう人も読むと思うけれども、どういう女の人が最高だと思いますか。

萩本　ぼくは女の人に、これだけしてくれればだれでもいいと思っていることはね、女の人って家にいるわけ。子どもも家にいるわけ。おトウちゃんは外にいるわけ。とにかく子どもの教育ってね、母親がほとんどしているものだと思うの。だから、まずぼやかない女性ね。子どもにだれかがインタビューしますね。「お母さんとお父さんとどっちが好き」と言ったとき、即答でパパと言わせる女性ね。酒飲んで帰って来ないでしょう。子どもに「お母ちゃんはこうやって一生懸命ごはんつくっているのよ。にもかかわらずお父さん帰って来ないのよ」というと、子どもは、ああ、パパは悪いやつだと思うわけ。父親はね「こうやって働いているのよ。お母さん、そうやって洗濯しないのよ。だから、わたしどう思う?」とは絶対言わないの。男ってぼやかないの。日本の女性、家庭の中の女性のほとんどがぼやいているわけ、実は。それを見るから、だから、「どっちが好き」というと、九〇パーセントはママ、といいますよ。

悠木　それは物心ついて中学生や高校生になると、ある批判ができてくるから、お父さんという人もいるけれども。

萩本　ぼくは自分の母親がそうだったわけ。うちの父親が道楽者で帰ってこなかったの。

でも、ぼくは道楽者って聞いたことないからね。母親がうちのお父さんを「男っていうのは仕事が大切で、毎日帰ってるようじゃだめなんだ。こうやって夜も働くような男の子にならなきゃだめよ」と言った。だから、男って帰ってこないほうがえらいんだと思っていた。お父さんが、一週間に一回帰ってくるわけ。

だから、お使いに行ってちょうだい。ぼくがいやだというと、じゃ、お父さんが帰ってきたときに言っちゃう。一週間に一回しか会えない父親に、悪いところ言われたら。絶対、お使いしないとさ。帰ってくるのが楽しみなわけね。かっこいいわけね。ウワッ、帰ってきちゃったと思って、玄関に出て、「どうもお帰んなさい。お父さん、お帰んなさい」というと「ウン」――ダダッと入ってくるわけ。パッと脱ぐ。こっちは脱ぎ終わるまで見ていて、「お父さん、お話ししていい?」というと「何だい? さあ、お前、おみやげだ」とくると、ウワッ、やっぱりえらい父親に会えた、と思った。だから、お願いだから、どんなにぼくが悪いことをしても、子どもにだけは悪い父親だと言わないでほしい。それを全部良く言ってくれること、それだけがぼくの理想。

悠木　わたしも、かねがね、ほんとにぼやくのはよそうと思っていますけれどもね。わたしの場合はわりとよくやっていると思われているからいいけれども、家事だとかそういうものはあたりまえだと思っている男の人、あまりにも多過ぎますね。

萩本　いや、あたりまえだという伝統で来ているだけよ。

悠木　でも、なにも年中、ごはん出してくれたら「ああ、ありがとうよ」と言わないでいいけれども、あまりそれが当然という顔して食わしてやっているという顔する人がいますとね、女房も「この野郎。これだけ大変なんだ」と言いたくもなるし、それが影響するということもあるけれども。でも、まあ本来、女というのはもう少し辛抱強い……男の体のできと女の体のできと比べると。だから、それはほんとうは苦痛じゃないんですね、耐えることは。

萩本　お母さんって大変、そういうことって、日本の男性は特に言わないわけ。だけど、日本の女性は、特に言えるタイプだと思うの。ぼくはその意味では、そういうふうに言ってほしいわけ。

悠木　お父さんはえらい、ってね。

萩本　だから、それに対してダンナがどうするかということが、その家庭の問題なわけよ。基本的にいうと、まずスタートは女性だと思う。それがスタートだ。

悠木　卵と鶏と同じだから、夫のせいにばかりできないしね。どっちが先にその決心をするかといったら、女がふさわしいと思っているわけね、やっぱり。それはよく女を見抜いていますよ。そのとおりですよ。

萩本　そうすれば、男がいちばんかっこよく仕事していられるという気がするの。そういうところって、番組の司会者だと思うのね、奥さんというのは。

悠木　そういう萩本流哲学というのは、子どもと接していて生まれたのかしら。

萩本　ウン。子どもがそう言うから。

悠木　でも、いくら子どもと接していても、感じない人もいるしね。

萩本　自分もそうやって育って、それも実は思うと、母親のほうがずっとえらい。ばかな父親だと思っているわけよ。おっかさんがえらかったの、結果的にはね。

悠木千帆の一言

少しでも話が白けそうになると、一生懸命言葉をつづけ気を遣ってくれるのです。人間ってのはなまけもので逆境に遭わないと成長しないものだと確信していた私は、彼と逢ってそうでない人もいるのだなと思いました。持って生まれたものか、後天的なものか、とにかく彼は、己の非力を体で識《し》っている——だから自分以外のものにとても素直な目を向けられます。その結果、どんな荒っぽい言葉を使っても温かいのです。

彼も言うように、駄目になる日が来るかもしれません。その時に嫁さんをもらうそうだけど、その生活はきっと絶望すると思います。いえ、勝手だけれど絶望して下さい。そして仕事に力をそそいで下さい。ＴＶから彼を追い出すことも、よりステキにすることも彼以外の人の目だとすれば、どうぞ、実のある批評を、専門家の人たちの的確な熱い批評を希《のぞ》みます。彼はとても感受性豊かで、シャイな男であり芸人なのですから。

田淵幸一

女の振り回し方

田淵幸一　たぶち こういち

プロ野球解説者・元プロ野球選手。1946（昭和21）年9月24日東京都生まれ。69年、法政大学からドラフト1位で阪神に入団。1年目から正捕手に抜擢され、22本塁打を打って新人王を獲得。75年には本塁打王も。78年、トレードで西武入団後もリーグ優勝、日本一に貢献。84年、現役を引退。引退後はダイエーホークス監督、阪神・楽天のコーチを歴任。北京オリンピック野球日本代表ヘッド兼打撃コーチも務めた。また、いしいひさいちの4コマ漫画『がんばれ!!タブチくん!!』のモデルとしても知られる。

対談当時は29歳。本塁打王となった翌年で絶頂期を迎えていたころ。私生活では75年に一般女性と結婚。その後81年に離婚、同年、元女優のジャネット八田（八田有加）と再婚。

なんにもやらないで、結果がわかることはない

悠木　わたし、野球っていうの全然知らなくて。田淵さんは、昭和二十一年生まれぐらいですか。

田淵　そうです。二十九ですから。ことし三十ですね。

悠木　すごくいい体格ですね、子どものころから親がそういう教育なさったんですか。

田淵　いや、そんなことない。今こうですけどね、昔は痩せておったんですわ。

悠木　野球始めてからどんどん大きくなった。

田淵　そうですね。

悠木　今、どうですか、野球やっていて。

田淵　ぼくは悔いがないですね。まあ順調にいっているせいか。二、三年は怪我で何ヵ月か休みましたけどもね。

悠木　そういうときにどうですか。

田淵　いろいろなこと考えますよ。野球がだめになったら何しようかとか。それが最初に頭に浮かんだのは、四十五年にデッドボール、頭に受けて、これでもう自分は野球はだめだ、九〇パーセントだめだと……。

悠木　頭に受けたというのは。

田淵　ここ（左こめかみを押さえて）に。一週間記憶なかった。退院したのは、三ヵ月間病棟にいてから。内出血しましてね、こめかみのところの、ちょっと横にずれたところ。ここだったら、ぼくは今存在していない。

悠木　そんな、こわい？

田淵　今はヘルメットってありますね、ぼくがこうして、次の年ぐらいからやるようになった。

悠木　頭の中身が悪くなったとか、急に良くなったとか。

田淵　それはない。かえってみんなが良くなった良くなったと（笑）。

悠木　野球におけるスター性というものをちょっと聞きたいんですけど。

田淵　別にぼくの場合はつくるということはないですね。地でいっているという感じ。

悠木　もちろんそうですけれども。野球選手でも非常に、実力のある人がいますね。でも、人気がなかったりする人いるんですか。

田淵　ありますよ。

悠木　そこがおもしろい部分だと思うのね。田淵さんの場合には、それと両方かかっているわけよね、男前であるということと。

田淵　それは言われたことない。初めて言われた。

悠木　いわゆる二枚目のスポーツマンというのと違って、好感の持てる顔しているでしょう。いますよ、やっぱり。見るからに、こういう男はあたしァきらいだね、という顔つきの人が。まあ、いやな顔はいやな顔なりに中毒になる人いますけどね（笑）。

田淵　よく言われます。ユニフォーム着たときと私服でいるときと、表情が違うということ。二重人格じゃないかとか。

悠木　お客はどの部分が……。両方好きなのかしら、それとも。

田淵　子どもなんか、ものすごく多いですね、ファンが。子どもは、まあ好きなことには変わらない。

悠木　そのスターというのに非常に興味があるのね。日本の場合には、芸能界のスターでも何でも、あまりにつくらなすぎると思うんですよね。つくっても、ちゃっちいの。

田淵　ぼくは最初入団したとき、つくられた感じでね。最近の新聞もそうですけれども、やっぱりそれに伴いたいという、そういう気持ちが強かったですからね。その人気と力と早く一致するように……。

悠木　わたし、考えたの。人間が生きているときに、無責任で生きているわけじゃないでしょう。男をつくったり、女とどうこうしたりというのは、全部それなりに自分で考えてやっていることでしょう。それをどうしてかくさなくちゃいけないのかな。すごく疑問なのね。でも、みんなが田淵というのはすごい男だっていうのよ。

田淵　ぼくは昔から信念としては、自分のやっていること、いくらまわりの人にとやかく言われても、自分が正しければ最後までやり通すと……。

悠木　正しいっていうより、自分がいいと思えば、でしょう。そのときに納得すればいいわけね。それを恐れるほどちゃちなスターじゃないと思っているの。

田淵　最近の歌手でも芸能人でも、あまり考えすぎというか、すぐ外のことを考えるでしょう。自分のやりたいこともやれない。やっぱり自分の若いうちにできることはすべてやって、それで反省すればいいのであってね。

悠木　それで、失敗したときには自分に返ってくるんだからね。

田淵　そうそう。なんにもやらないでね。ぼくら特に、なんにもやらないでその結果がわかるということ、絶対ないからね。やってみて、ああ良かったというならいい、悪かったらそこで反省して自分の考え方を変えればいいのであって。

悠木　そういうときに、あまり発言しないですね、田淵さんは。

田淵　しないです。実行型です（笑）。

悠木　もちろん言ってもしょうがない部分というの、ありますよね。それで、なおかつ人気を持続し、実力みたいなものをちゃんと蓄えるという方向にいくと、そのスキャンダルがすごくすてきなものになってくるのよ。

田淵　ぼくは相談する前に、自分で実行しますよ。

悠木　昔から?

田淵　昔から。善いにつけ悪いにつけ。

悠木　お母さんに相談しない?

田淵　だから、だいぶおふくろには心配かけた面も大きかったですけど。

悠木　わたしは田淵さんはそういう人じゃないと思っていたの。思っていたより強いのね。きのうもみんなと話をしていて、田淵という人は豪快な女を好きになるっていうの。

ということは、その人の中に少し弱い部分があるんじゃないかと話していたんだけど、案外そうじゃないですね。自分がおこしているんですね。

田淵　そうですね。まあ大胆なところ、ありますよ。だから、よくマスコミに書かれるのと、だいぶ違った面が多いけれど。ぼくは別にそれをただせとは言わないし、弁解もしないですね。

今年、どうなるかはわからない
去年のことはすべて忘れて

田淵　ぼくは三年目に腎臓炎で、これもまた三ヵ月入院したんですよ、二年連続で。そのときに松下幸之助さんの書いた『道』というPHP研究所から出したのを読んでね。書いていることは、あたりまえなんですよ。そのとき初めて自分を振り返ったですね。なんでわしらはこのあたりまえのことを実行できなかったんかなあと思って。だから、その次の四年目からは一から出直しだと思って、そういう気持ちでやったら、やはり悪い結果は出なかったですね。

悠木　道徳観というのは最近変わってきていると思うんですよ。子どもから見ても、そういうものが何となくわかるんじゃないでしょうか。ちょっと年とった人が見れば、何かとても割りに合わないような、率の悪いような感じがするみたいな（笑）。だけど、かえって子どもはかっこいいなと思うんじゃないかと思うの。

田淵　だけどひどい野次もありますよ。そういう野次にも耐えていかなければならないんです。

悠木　屈辱的なこと、あります？

田淵　それはいろいろ……。特に女性の問題でね、ぼくに一時あったでしょう。グラウンドに行ったらわいわい言うんですよ〔七四年に交際女性〈「神戸《かんべ》さん」として後出〉の子を認知〕。

悠木　「未婚の父」なんて。

田淵　言われたですからね。そんなの、いちいちこたえていたら自分が負けます。それに動じておったら野球なんてやってられないです。

悠木　はあ、タフですね。

田淵　そらァそう。白髪もふえますよ。それは聞く耳も必要ですけどね。ここからこっちに通す耳もまた必要ですわ。

悠木　感じないんだったら別だけれどもね。

田淵　腹の中は煮えくり返っているですよ。ただ、ぼくらには少年ファンがおるし、やっぱり暴力はいけないと思うから。だから、グラウンドでも何度か審判にこづいたりしたい気持ちはあるけれども、やはり次の日新聞読んで「ああ、田淵のにいちゃん、暴力している」と思われたら、悔いが残りますわ。

悠木　しかし、そういうものに耐えるというのはすごいわね。それはある信念ですね。怒りをエネルギーに変えるみたいな。

田淵　だから、かえって野次られたほうがいい結果が出ることが多いんですよ。

悠木　今、家庭生活はとてもしあわせですか。

田淵　ぼくはつねにしあわせです。

悠木　えらいですねえ。わたしなんか結婚しても、これでしあわせだったという日なんか数えるほどしかない（笑）。お子さんはいらっしゃらない？

田淵　いないです、まだ。それができれば、言うことはないです。

悠木　高倉健さんが、自分に子どもがいなくて長嶋〔茂雄〕さんの家庭のところに行ったら子どもが四人いて、ああ、これが家庭だなと思ったというふうに聞いたけれども。

田淵　それはやはり感じますね。ぼくもまだちょうど一年ですからね、結婚して。もし二、三年たってできなかったら、そういう気持ちになると思うけれどもね。

悠木　まあできますね。自分の例を出してなんだけど、実はうちが、わたしが再婚だというのすごくおこるんですね。

田淵　いや、ぼくの女房もそうですよ。

悠木　おこります？

田淵　おこらないですよ。ぼくはまだそういうけんかというか、言い合いをしたことはないですから。

悠木　うちのダンナ、過去だらけのくせしてひとのこと責めるんだけれども、田淵さんは自分の過去と奥さんの過去と、そういうのを相殺して忘れることはできるわけですね。

田淵　忘れるというのはそれはむりですけどね、言ったって仕方がないでしょう。それよりか、やはりこれからのほうが。野球の面でも同じですけど、去年いくらホームラン王になっても、今年どうなるかわからないです。去年のことはすべて忘れて。

悠木　いいこともね。

田淵　もちろんいいことも悪いことも。まあ悪いことは特に（笑）。

悠木　そういう人と一緒になれると幸せね。神戸さんて前に一緒に住んでいた方でしょう。その前の人は知らないけれども、一応表向きになった方は。その彼女と今の奥さんでしょう。世間的にどういうふうに思われていると思います？

田淵　彼女？

悠木　両方とも。要するに田淵さんの女性というものの見方。世間的にというとあまり多すぎるけど。

田淵　それはぼくが聞いた範囲では、神戸さんのことを良く言う人はいないですよ。

悠木　今の奥さんのことは？

田淵　今の女房はどうかよくわからない。

悠木　それは聞こえてこないもの。聞かせないようにしているものね。常識でいうと、両方とも良くないんですよ。だって、今の奥さんだって、お子さんいらしたんでしょう。そういう意味で、とても良くないのね。だけど、わたしたちのまわりでは、かっこいい女という定評があるんですよ、両方とも。

田淵　女性から見て？

悠木　特にあたしたちみたいに、ちょっとひねくれたというとおかしいけれども。

田淵　そこは男としてはわからないですね。

悠木　女がかっこいい女、ああ、最高だと思われる女を選ぶ男というのは、あまりいないんですよね。それに苦労が多いですよ。

田淵　そうだと思う。また、それがやり甲斐あるんだね。

悠木　迫力があるのね。なよっとした感じじゃなくて。それをわたしは、田淵さんが全然自分の主体性がなくて、その女たちがかっこいいから、全部女たちがきめて、その中で田淵さんが振り回されたり、何となくなりゆきにまかせて生きているのかと思っていたの。

田淵　ああそう?

悠木　そのぐらい、あなたのつき合う女の人というのは評価されているんですよ。

田淵　ちょっと想像つかん。まあ迫力には欠けてないから（笑）。

悠木　神戸さんの原稿なんて迫力あるものね。ウァー、かっこいいと思う。今の奥さんのやっていることもね。やっぱり願望があるんですよ、あたしたち。だって、惚れたところにいきたいのよ。それは、前のダンナと比較しているわけじゃないのよ。そういうんじゃなくて、自分がこっちの方向といったらこっちにいきたいのに、何となく状況でまあ、というのが多い中でね。だいたいそういう傾向の女性が好きなんですか。

田淵 初めて。

悠木 初めて、パタパタッとすごいのが。

田淵 続いたわけです。

悠木 アッハッハッ、おかしい。

女にだまされたことはないけど 男には、ようだまされる

悠木 今後女性関係については、わりと自信ありますか。おかしいほうにいかないと。

田淵 どうですかね。今は、ないとは言えますすね。

悠木 それはどの夫婦だって今後どうなるというのは全然わからないけれども。そういう意味では、シーズンになったらかわいそうだというけれども、奥さん、しあわせね。

田淵 女房はそう思いますよ。好きな人のところに行って、料理をつくれれば。

悠木 いいじゃないですか。

田淵 なんにもできなかったですから、料理が。最初はやっぱり文句の一つも二つも言

いました。三ヵ月か四ヵ月かは目をつぶっていたんですけどね。ぼくの行く店に連れて行って、それで女房の舌に覚えさせるということを、ぼくはしたですね。子どもなんかできたら、あまり出歩く時間、なくなるでしょう。だから、今のうち野球人としての生活を知ってもらうためにも、どんどん一緒に連れて行くわけです。

悠木　結婚する前に感じていた奥さんと、今一緒になって、ずいぶん違う面ありますか。

田淵　恋愛期間短かったですからね。ほんと、なんにもできなかったという感じはしましたね。だけど、前の生活をとやかくぼくは聞かなかった。ただ、ぼくの生活にとけこめるようにということで。

悠木　わたしなんか再婚で、前の亭主に何も残っていないはずはないだろうとおこられるけどね。要するにあるやさしい面で見れば、情みたいなものは残るんですよね。ちゃんとやっていてくれればいいなとか。あるときは、あの野郎とか思ったりすることありますけれどもね。どんな感じですか、前の彼女に対して。

田淵　ああ、もう何年になるかな。二年になりますかね。あれ以来ひとことも話してないですから、だから、言いようはないです。

悠木　たとえば情だとか、そういうものは残ります？

田淵　それはないといったらうそでしょうね。

悠木　でも、その程度ね。田淵さんにとっては子どもさんというのは、一緒に生活してないから実感も何もないでしょう。

田淵　ないですね。ただ籍に入ったのは、自分も責任を持ってやったことだから、別にいやとも言わずに認めて。

悠木　そのへんがちょっと寛大ね。そうすると、彼女に対して、どういうふうに生きてもらいたい、という希望あります？　そういうことも、あまり感じない？

田淵　ウーン、まあそれは、月並だけど、やはりいい人と結婚してしあわせな家庭をつくって……。

悠木　いやな女というのに出会ったことあります？

田淵　めったに会わないですね。そこまでいかないです。

悠木　だって、田淵さんに出会って、いやな部分見せる人っていないわね、何とかいいところを見せようと思って。

田淵　だけど、そうやっていいところを見せようと思う女性はつき合わない。

悠木　だから、変わっているのね（笑）。やっぱり、あ、かっこいいな、迫力あるなというのと一緒になるのよ。それを先天的に見抜く力を持っているのよ。

田淵　着飾ってね、何一つするのもおしとやかにするのよりも、その人の地が出ているような……。

悠木　やっぱりそういう好みなのね。よく、したたかな女にだまされて泣きを見る男というの、最近多いけれども。

田淵　女にだまされたということはないけれども、男にはようだまされる（笑）。

悠木千帆の一言

大きな身体と優しい目をした快男子でした。戦争があったならいちばんに兵隊検査に合格し、先頭を進み、その気立てのよさからいちばんに割くって死んでしまいそうな感じです。盲蛇かもしれないけれど、たくましい女性を愛し、両親の了解も得ず認知し、別れ、野球場でなじられ、またある時は夫も子もあるたくましい女性と結婚をした男の顔が、こんなにもかげりのないものとは知りませんでした。

私共は劇の上で、配役された人物をみる時、田淵さんのような男性に、こんな迫力ある設定を持たしたのを知りません。必ず「よいお兄さん」だけとして登場させるのです、そしてお客もそのほうが安心なのです。でも実に事実は小説よりも奇であって、わたしがこの次に劇をするとき、きっと今日の出会いを想い出すと思います。そんな人間の存在を演じてみたいと思うのです。苦悩する役者の顔や表情は形が決まっていいます。だけどおおらかな顔をした人の中にも、苦しみはたくさんあるのですから。

金原亭馬生

下町風娘の躾け方

十代目・金原亭馬生　きんげんてい ばしょう

落語家。1928（昭和3）年1月5日東京生まれ。豊山第二中学校中退後、42年、父の五代目古今亭志ん生に入門、四代目むかし家今松を名乗る。44年ごろ、初代古今亭志ん朝と改名。48年に真打昇進し、古今亭志ん橋を襲名。49年、十代目金原亭馬生を襲名。三遊派・柳派両派のネタを多く持ち、また人情噺などのじっくり聴かせる噺に本領を発揮し、独自の芸風を確立。また、書画は本職並みで、酒仙と呼ばれるほど酒好きだった。69年、芸術選奨新人賞受賞。73年、文化庁芸術祭優秀賞受賞。82年9月13日死去。享年54。

対談当時は48歳。長女で女優の池波志乃がテレビドラマ「必殺」シリーズや『寺内貫太郎一家』などで活躍していた。

目っていうのは、調べてもらえばもらうほど悪くなる

悠木　はじめてお目にかかるのね。

馬生　そう言われてみればはじめてですね。なにか初対面のような気がしない。

悠木　おからだは、いいんですか。

馬生　ええ。だいぶここのところ。おととしの暮れあたりですね。いちばんひどかったのは。肺炎から体力がなくなって、からだこじらせて、まあ運がよくて生き残ったんです。

悠木　目のほうは？

馬生　目もね、そのころからみるとだいぶよくなった。一時は半分も見えなくなっちゃってね、なんかガァタガタになっちゃった。

悠木　すごく、みんな心配していました。でも、口がぐあい悪くなるんじゃないから。

馬生　まあ噺家《はなしか》だからね、ほかの商売じゃそうはいかない。ところがね、目が悪くな

ると、ふしぎなもので原稿を頼まれたり、絵を頼まれたり……。

悠木　お酒でしょう、目が悪くなったのは。

馬生　それ、ずいぶん調べてもらったんですけどね、目っていうのは、調べてもらえばもらうほど悪くなるってことを発見しまして、やめちゃったんです（笑）。

悠木　どうして。

馬生　そうでしょう。だって、わからないんだから。眼科へ行くと真っ暗にしておいたところを、瞳に強い光線当てて中を検査するでしょう。見えなくなっちゃう、帰りに。瞳をあけっぱなしにする目薬があるんですよ。瞳をあけっぱなしにして、強い光線で中をのぞくわけですよ。そして、こんど目の裏っ側見たいっていうから、いやだと言った（笑）。見て、わかって、治るというんなら、いくらでも見せる。

悠木　どうしてそんなになっちゃったんでしょう。まだお若いんでしょう。

馬生　あたし、若いときから目が弱かったことはたしかなんです。それがね、なんてぇますかね、あたしは絵描きになりたいと思ってね、絵を勉強していた。先生が「どうも、きみは目が悪いから」といって。日本画ですからね。あたしの先生は鴨下晁湖《ちょうこ》っていいまして、眠狂四郎の挿絵かいていた人。この人は若い時分天才と言われた人なんですけどね、中央にさかもって、挿絵かいたりする晩年になっちゃったんです。その鴨下先生、美人画が得意なんですね。それで、細かいものに入っていくと何本にも線が見えるわけですよ、乱視だと。めがねかけて見ると。

悠木　若いころからね。

馬生　それはいけないっていうんで、そのころ写真がはやり出した。これは写真のほうがてっとり早い（笑）。カチャッとやっちゃえばそれでいいんだから、これからの時代は写真だと。写真家になろうってんで、富士フイルムの写真に入ったわけですよ。そうしたら、そこはあとかたづけと修整というんで……昔の写真は全部修整したものですよね。乾板《かんぱん》へ取って。それを、向こうへ電気をおいて、それをかぶって、こっち側から一人一人。

悠木　じゃ、また目を使う。

馬生　特殊な修整鉛筆で、ニスを塗った上からかいていくんです。よけい悪くしちゃった（笑）。

悠木　あの修整というのはおもしろいですね。でも修整がへただと、とんでもないものになっちゃいますね。似て非なる感じの。

馬生　なかなかカメラなんて扱わしてくれない。最初が、キャビネの組立カメラなんですね。それでとってこい。結婚式の写真。戦争がだんだん激しくなってね。乾板が表裏二枚、これはお嫁さんとお婿さんのを一枚、こっちは記念写真を一枚。場所も忘れちゃったな。フフフ。それを持って行って……当時はマグネシウムですからね、今みたいにフラッシュなんてないから。そうすると、ごちそうが並んでいるわけですよ。その上へみんな新聞をかぶせて。あと、粉が落ちてくるから。

悠木　ああ、マグネシウムのね、ははァ。

馬生　だいたい引いて。とり直しはきかないんだから、一生懸命、絞りはよし。もうこれでいいというのでマグネシウムを……。ライターと同じ原理ですからね。ぎゅっとねじっておいてパパッとやっておいて、「じゃ、写しますよ」パッとやる。たいがいその中で目をつぶっちゃう人がいるんですよ（笑）。

悠木　必ずいますね。

馬生　まして昔のマグネシウムなんて、ちょっとした恐怖ですからね、ボーンと。

悠木　音もして。

馬生　だから、みんなあけるんですよ、修整で。

悠木　それは人相違っちゃいますよ。目をつぶっちゃったのをあけるんだから。

馬生　持っていったら、おこられちゃって。この人はおメクラさんなんだ。一生懸命あけているうちにみんなあけちゃったわけですね。この人はおメクラさんなんだ。目があいていいちゃ困るんだ（笑）。

男には昔から二通りあるんですよ。朴念仁とくだけたのと

悠木　今、失礼ですけれども、お幾つなんでしょうか。

馬生　四十八ですね。

悠木　じゃ、脂の乗るというか、男盛りというか。ご結婚は一回ですよね。

馬生　そうですね。まあッ、自分としてもカスをつかんでないと思っていますからね。

悠木　女の人ははじめてで、最後ですか。

馬生　そんなことはないですよね。

悠木　そうですか。たぶん最初の人じゃないか、という話なんですけど。

馬生　ウン、最初……みたいなものかな。

悠木　奥さんのほうも、最初の男の人で、最後じゃないか。ふしぎなのはね、馬生さんのお父さん〔〔五代目〕古今亭志ん生〕、それからお子さんたちというのは、すごい発展家でしょう。そういう意味ではラフなんですよね。女性関係とか男性関係。

馬生　ああ、おやじや弟〔〔三代目〕古今亭志ん朝〕やね。

悠木　それから、お嬢さんたち〔池波志乃〕もね。考え方を聞いてみると非常にさばけているんですよ。どうして前後がそういう人たちで、真ん中だけばかにかたくなっちゃうんでしょう。

馬生　けっきょくね、ウン、エー、なんていいますかね、いろんなことが重なってあったんですけど、これはまあ公開するべきことじゃないんだけど。

悠木　ああ、じゃカットします。

馬生　まあ、いろんなことがあって。だから前は赤線〔公認の売春地域、1958年廃止〕が盛んなころはね、ウーン、みんなで飲んで、じゃ遊びに行こう。あたしだけは誘わないんですよ、行かないから。それでいて吉原は知らないかってえとね、吉原へ行くといまだにカオですよ。松葉屋へ行っても、金村へ行っても。

悠木　どうしてですか。

馬生　それはお茶屋遊びだけして、女郎買いはしなかったんです。きらいなんです。

悠木　なんできらいなんですか。

馬生　はじめて会った女をいきなり抱いて、ああいう行為には移れないんですよ。

悠木　珍しいたちですね。

馬生　珍しいんです。それからもう一つね、その当時観音裏のあそこらへんで、女郎に娘を売って、おとっつぁんや何かが泣きながら「辛抱しろ」なんて言って、ほっぺたの赤い女の子が泣いている姿やなんか、しょっちゅう見ていたわけです。だから、それがすぐ頭にくるわけですよ、バーッと。何もね、そんなことしなくたって生きてられるんだから。そうでしょうが。

悠木　なるほどね、そういうものにおぼれたりなんかするということは、今まで一度もなかったわけですね。

馬生　ないですね。その前にさめちゃうんですよ。

悠木　お女郎さん自身も、そういう商売が好きで……女でもそういう人いますよね。

馬生　います、います。

悠木　そういう人でもだめ？

馬生　だめですね。そういう人だったらよけいこっちがさめちゃう（笑）。女のスケベなんてのはだめですね。

悠木　志ん生さんは、彼女にとってはおじいちゃんだけれども、志乃さんがちょっと女っぽくなってきたころね、おじいちゃんが、そろそろ売れそうになってきたって言ったんですって（笑）。

馬生　うちのおやじさんというのは売るのが趣味だからね。うちの二番目の姉なんていうのは売られて、途中まで行って帰ってきた。〔八代目桂〕文楽さんに、お前ンとこ子どもが多いんだから、一人おれに売れよ。五円か何かで、その当時。

悠木　しかし、おもしろいたちですね。きっとおじいちゃんにとっては、芸者だとか女というものに対する考え方が、ちょっと違っていたんでしょうね。それで、売っちゃった？

馬生　いや、売らない。途中まで行ったら、篠突くように泣いてどうにもしょうがなくて、うちに帰ってきた。昔は何かっていうとすぐ、女の子ができると左うちわになる。ね、それはたしかに今は女の子ができると、金がかかってしょうがない。そういうところが時代の差ですね。でも今でも、自分の娘のおかげで食べている人というのはかなりいましょう。

悠木　ああ、それは芸能界にもね、娘に限らず子どもで食べているのはいますけど。

馬生　みんな同じですよ。ただ、それが世相が変わっただけの話で。けっきょく、二通りあるんですよ、男には。昔でも、わたしみたいな朴念仁《ぼくねんじん》というのは山ほどいるんですよ。

悠木　みんなくだけていたわけじゃないんですね。

馬生　それは全部がくだけていたわけじゃない（笑）。

悠木　なるほどね。娘たちの教育という点でいつも感心するんだけど、しばらないんですね。

馬生　わたしはね、わたしなりでね。つまり親がしばってやると、わたしの経験だと、きっと親を恨むんですよね。お父さんがあのときあの人とつき合っちゃいけない、この人とつき合えというから、だからあたしは失敗したと。はたから見ると、成功しているんですよ。たとえば一流商社の社員のところに行って、おとなしくて勉強家で、出世間違いなし。片っ方はグータラで、ギターなんか弾いていて、何か書いていて（笑）。こっちに行くとだめだ、あっちに行きなさいとやるでしょう。一流商社に勤めているこれが、ふっと眼鏡をかけて、夜になるとたんにがらっとスケベになって、女トラブルおこすのはきまってそういうのに限る。ひげ生やしてギターかき鳴らして何か書いているやつは、突然パッと売れたりなんかして、そうするとだから言わないことじゃない。

悠木　そうすると、その場で親の目から見てどんなにあぶなそうだと思っても、自分の娘がわかるまでほっておいて大丈夫ですかね。

馬生　大丈夫ですよ、あぶないなと思ったら、アドバイスはするんです。あとは責任持てよ。だから、自分でそうやってみたいといったら、そうか、やってごらん。

悠木　女の場合、あまり若いと知識がないし、そういうのは教えてやるわけですか。

馬生　それはかえって開放的にすると大丈夫ですよ。ふだんの話題の中で、たとえば性病で頭がおかしくなったかわいそうな女の子がいて、今でも治ってやしないとか、つまり性教育ですよ。それも歯にキヌ着せずに話す。

悠木　ただ、むずかしいですよね。親がそういうことを教えるのは。

馬生　お父さん、頭が悪いだろう、目が悪いだろう、いいところないだろう。これは何のせいだと思う（笑）。うちのおじいちゃんがこうなんだよ。

悠木　お酒飲んでなにしたからと。

馬生　ふんどしに膿《うみ》がくっついちゃって取れなかったとか、そんな話までしてやるんです。そういうときに生まれたんだ。だから、お父さんは頭悪い（笑）。全部自分の体験をしゃべる。そうすると納得しますよ。

悠木　気をつけますよね、かえって。そういう一種の教育法は、自分のおやじさんだとかまわりの人間を見ていてやっぱり間違いないと思ったんですね、きっと。

馬生　だから、後で親を恨まないように、何でもやりなさい。だれが何といっても、最後は自分一人だ。親だのきょうだいだの何でもないんだ。自分で自分を守らなくちゃならない。

悠木　ときどきハラハラすることありますか。

馬生　ウン。ハラハラしますけどね。二番目の娘なんか、オートバイがほしい。暴走族になりたいのか、なりたい、ああ買ってやるよ。かみさんに「ついて行って買ってやりな」。オートバイ買って、ブルブルルって出かけて行く。

悠木　それで事故おこして死んじゃう子は、それまでなんですよね。どんなにフォローしても。

馬生　そうなんですよ。世間に迷惑を絶対にかけるな。だから、もし子どもがビュッと出てきたら、自分がバーンとどっかにぶつかって死ね。それが覚悟なら買ってやるよ。

大丈夫だ、人は殺さない、自分が死ぬ。それなら買ってやる。

今はうまーい人もいなきゃ、聞くに耐えないひどい人もいない

悠木　今の職業を選ばれたのは、どっちかというとご自分の意志じゃないんですね。それで、その道を選ばれて、どうですか。

馬生　まあ、今はよかったと思っています、自分の体に合っていると。

悠木　すると、おやじさんも、まんざらいい加減なことを言ったわけでもないんですね。

馬生　そうですね。と同時に、あのころの状態は、追いつめられて噺家になっちゃったんですよね。わたしは、さっきいった富士フイルムに勤めていましたが、当時徴用というものがあったんです。重要産業に携わってないものは、強制的に連れて行かれるわけです。炭鉱であるとか造船所であるとか。

悠木　重要産業に携わったの？

馬生　それがおかしいんです。鉄工所に回された。軍の装備をこしらえるんですよ。たとえば上陸用舟艇が着いたときに、鉄の梯子をひっかけるんです。それをこしらえたり

なんかするわけ。電気溶接ですよね、梯子をくっつける。電気溶接ぐらい目に悪いものはないです。ただやたらに目の悪くなるような職業を選んじゃった（笑）。これはいけない。そうすると、おやじさんが噺を教えてやる、二つか三つ教えてやるから慰問団に入っちゃえと。そうか（笑）。

悠木　慰問団というのは、重要な職業だったわけですね。

馬生　そうです。だから、今の人みたいに大学で落語を研究して、あれはうまくないの、あれはこうすべきだの、能書言って入ってきたのとは違う。お前たちだめだ、能書じゃないんだ。体だ。体で覚えていくんだ、芸っていうのは。よくおこるんだけれども。この間も偶然に〔六代目三遊亭〕圓生さんの芸談とあたしとそこだけ一致しちゃってね。昔はうまい人がいた。そのかわり、聞くに耐えないまずい人もいる。中間がいなかった、あまり。ところが、今はうまーい人もいなきゃ、聞くに耐えないひどい人もいないわけ。全部、中間になっちゃった。

悠木　ある感動がないとね。うんとへただとそれを聞いて感動するものね。あ、これではだめだというふうに（笑）。

馬生　聞いていて、まずいね、この人は。これで真打、よく、こんなまずくて真打。そうかと思うと、若いやつでもうまい人が出てくる。噺をやっていると、途中からこっちにいっちゃって戻ってこられなかったり、なんだかわけがわからないで下りちゃったりするのもいるしね。ところが、今は平均的なのね。

悠木　味がないですね。あたし、噺を聞いていて疲れる人が多くなったなと思う。

馬生　それは言えますね。

悠木　聞いているほうがね。あまり、してくれるので。この間、おじいちゃんのビデオテープというのをＮＨＫで放送していたのを、ちょっと拝見したの。全然疲れないのね。お客が聞いていようと聞いていまいと、自分の世界をどんどんつくっていくの。そうすると、客のほうも、最初から話しかけられると疲れちゃうんだけれども、そちらで話しているのに、どんどんこっちが行く。まあ、それでテンポのいいことね。ぐじゅぐじゅしていないの。あたし、あれにはびっくりしましたね。それでせっついて聞こえない。若手の人の聞くとやたら早そうなんだけども、実際には早くないんですね、それでせっついちゃってせっついちゃって、もう聞いているほうが疲れちゃう。

馬生　それはありますね。そういう間《ま》とかなんとかいうのは、教えて教えられないものだしね。てめえの間《ま》がずれているやつだと、最後まで間《ま》がずれているんですよ。だから、くたびれるわけですよ（笑）。

悠木　しかし、師匠の場合は、やたらに気違いみたいなファンがいますよね。ファンのほうもちょっと気違いじゃないかと思うくらい。ハハハハ。一種の生きざまみたいなものが高座から受けられるんだと思うのね。いい加減に生きてないなという。お客の口出しできない世界というの、ちゃんと持っているというのは、まあそれは四十八という年齢がそうさせるのかもしれないけれども、ふつうの役者でも、四十八でもいい加減なのがいますからね。

馬生　ただ、かえって年齢がね、あたしは少し、昔から見ると、下がったと思うんですよね。〔三遊亭〕圓朝にしたって、最盛期は三十五、六だった。〔九代目市川〕團十郎と圓朝師が井上〔馨《かおる》〕侯爵の屋敷に招かれて、二人で紋付袴で並んで坐ったときに、芸界の花だともてはやされたのが三十五ですからね。早かった。『真景《しんけい》累《かさね》ヶ淵《がふち》』こしらえたときが二十七ですよ、あの名作を。それで、だれがだれに聞いても、この人だけは名人だといって文句を言わない人は、落語の長い歴史の中で二人いるんですよ。初代古今亭志ん生と四代目橘屋圓喬。初代の志ん生さんは四十八歳で死んでいる。圓喬さんは四十七歳で死んだ。それでいて、だれがいってもウンというものを、それまでに出しきっちゃったんですね。

悠木　そうすると、今はだいたいどのくらいでしょうね。いくつ……。

馬生　だから、わからないですね。昔はみんな早かったんですよ、芸界に入るのが。たとえば小僧奉公が十一ですから、みんなおそらくその程度から入った。それから道楽して追ン出されて、行くところがなくなって噺家になっちゃった。それまでに一応世間を見て。まあ遅くても十五ぐらいですよね。そうすっとね、それから覚えていくわけですよ。だから、ちょうど脂が乗ったのが四十代前半なんですよね。三十の後半から四十代ですね。そこでバーッと燃えるわけですよ。

じゃ、全部がそうかというと、そうでない人もいる。そういう燃えるときがなくて、あいつはどうも何だかしょうがないねなんて、いつまでたってもうまくならないでね(笑)。それがだんだん年をとってくると、それが一つの味になってきてね、いい味だね。長生きしたために売れちゃったり何かして。

悠木　古い石見ていると味が出てくるみたい。新しい石より味が。ただいるだけでね。

馬生　だからね、わかンないもンですよ。

悠木千帆の一言

「女が老けるのはどんな時でしょう？」

「そりゃなんたって男の苦労がいちばん老けましょう。金の苦労なぞ、たかが知れてますよ。男の苦労がいちばん顔に出ますでしょ」

「そう言えば、若いとか美人とかに関係なく、亭主の女関係で悩まされてる人は、しわが深いらしいですねえ」

「そのくせ男ってのは勝手でね、しわくちゃババァがなんて……でまた家に寄りつかない」

よく男の人で、本気で女房をけなす人がいます。たいがい外に愛人ができてる場合が多いけど……。そんな女にした片棒を自分もかついでるくせに最悪な男です。女が亭主をほめてるのを聞くと、なんとなくいやらしいけど、男が、ちょいと照れながら女房をほめるのは、なかなかステキなものです。

「私しゃ女房を、カスつかんだと思ってないので。浮気は……」と馬生さんは言いました。案の定、奥さんは若々しく愛くるしいひとだそうです。

つかこうへい

企みに賭ける劇作家

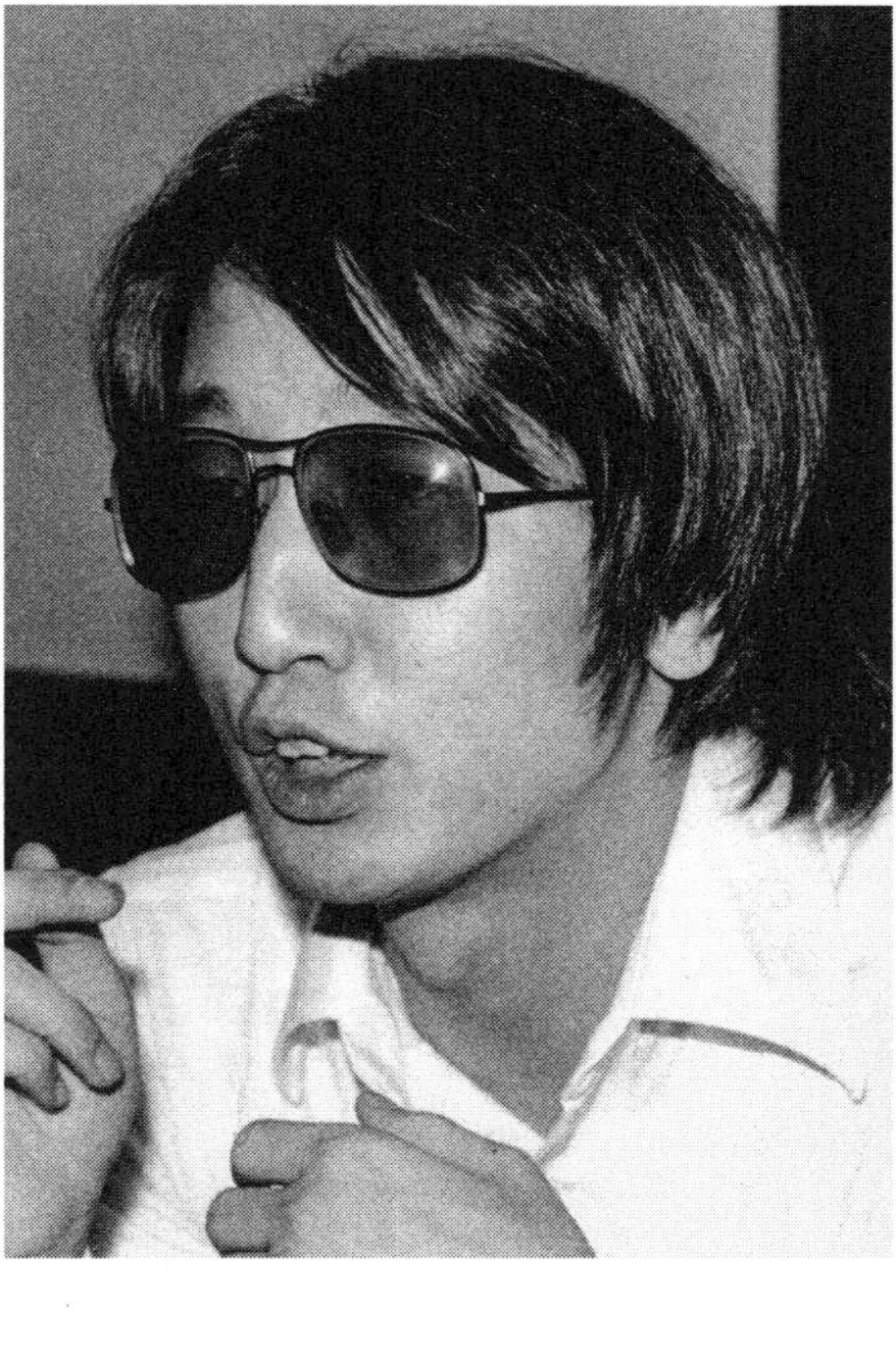

つかこうへい

劇作家、演出家、小説家。1948（昭和23）年4月24日福岡県生まれ。慶應義塾大学文学部中退。大学在学中に演劇活動を開始、70年〜80年初頭にかけて「つかブーム」を巻き起こし、多くの人気俳優を輩出した。一時執筆に専念したが、演劇活動再開後は「北区つかこうへい劇団」の創設、プロデュース公演において数々の俳優や女優の新境地を開くなど、再び精力的な活動を続けた。74年に『熱海殺人事件』で岸田國士戯曲賞、76年に『ストリッパー物語』でゴールデン・アロー賞、82年に小説『蒲田行進曲』で直木賞を受賞。2007年、紫綬褒章受章。10年7月10日死去。享年62。

対談当時は28歳。私生活では1980年に熊谷真美と結婚、その後離婚を経て、83年に再婚。

見合のテクニックが、上手になりましたよ

つか　『婦人公論』で悠木さんがぼくのこと、書いてくれたでしょう。
悠木　『婦人画報』よ。
つか　ぼく、嫁さんも子どももいないんですよ。
悠木　あら。どうして。あのときいるって言ったでしょう。
つか　いや、なんか飲むとはめはずしちゃうでしょう、ぼく。適当なことを言って。
悠木　まあひどい。女房も子どももいる、ずっとそう思っていた。
つか　それでね、おふくろから電話かかってきて、どうなってるんだって。
悠木　それはたいへんだ、ひどいよ。つかさん、わりに普及してないのね。知名度というの。あるところではすごく普及しているけれど。加藤治子さんがね、外国から帰って来た人が、いま日本の芝居でいちばん、これからも魅力的でいちばんすてきなのは、何とかさんという人のストリッパーの話だって聞いてきた。それは外国の人から聞いてき

た。だから国際的ですよ、あなたは。

つか　国際的ですよ。ぼくはしゃべってないですけど、いろいろあるんですよ、国際の話にしたら。

悠木　浅草の、ね（笑）。それじゃ、結婚したことないの、一度も。

つか　ええ。

悠木　同棲も。

つか　だめなんですよね、そういうの。

悠木　いまいくつです。

つか　二十八になっちゃった。

悠木　アレ、ジュリー（沢田研二）とおない年だったの。

つか　うちはかたくてね。それで、よく見合させられるんですよ。こんど「見合のテクニック」というやつを。

悠木　自分に女房もいないで、何が見合のテクニックだって。

つか　上手になりましたよ、ぼく。ことわられるように仕向けなきゃいけない。女の人を傷つけちゃいけないということもあるでしょうし。

悠木　そうすると、どういう状態でことわられるようにするわけ。
つか　うまく仕組んで。たばこぽんぽんすったり、大ぼらふいたりするんですよ。適当にやって、うまく向こうからことわられるようにして。でも、それだけじゃこっちも気がすまないでしょう。何とかほかの男の人と見合して結婚してもね、ぼくのことが残るようにね（笑）。楽しいですよ、だから。おやじも見合が好きで。
悠木　親が持ってくる見合ってかなり条件がそろっていますよね。
つか　でも、それが。
悠木　どういうところが、だいたいいままでぐあい悪かったんですか。つかさんがふわーっといかないというのは。
つか　外で飲んだりして、はめはずすでしょう。だから、一人になったときって、やっぱり自分の時間みたいなのがほしいし。もう一つ、ああいうのは才能だと思う。
悠木　結婚というのが。
つか　女房になれる才能がある人とか、旦那さんになれる才能がある人とか、そういう人いる。だから、悠木さんが子ども産むって聞いて、おっと思った（笑）。毎日「お帰んなさい」とか、「ただいま」とか言わなきゃいけないでしょう。おれは芝居やっているからね、「ただいま」という言い方でも何種類か考えられるけれども、いい加減いやになっちゃうんじゃないかと思ってね。

だから、そういうこと言えない人とか、公団当てる才能のない人とか……。わりと、ぼくなんか、保険なんか持ちたくてしょうがないですよね。医者に行って「保険証は」「すいません。ないんです」なんて言っちゃうわけね。それから、定期券を駅員と見せ合いしているとき、非常にセックスアピールがあるんじゃないかなという感じね。最近、『ストリッパー物語』書いてこんどやるんですけれども、女に捨てられ方を一生懸命……。つまり男が女を捨てきらなくなっちゃったでしょう。そうなったら、いかに女に捨てられ方をいじましくやるかが、おれのやり方だみたいなのありますね。昔だったら、あの人は妾《めかけ》さんの子よというと……。

悠木　肩身が狭かった。

つか　いま、あの人妾の子よ、いいねえってなっちゃう。ぼくらの悲劇というの、そういうところありますね。おとうさんもおかあさんも、ふつうの人でしょう。全く困っちゃうよっていう感じ。何にもなくてね。だから、ひけめ持たないでしょう。

悠木　それは幸せに過ごしてきちゃった人のぜいたくですよ。

つか　もちろんそういう言い方はあるんですけどね。あとは、どう仕組んでいくか、みたいなことで。

悠木　さしあたりそういう見合みたいなところに行くわけね。ひどい人来ません？　ひと目で……。

つか　そんなに来ない。きらいなタイプというの、ありますけどね。気をつかわない人っていうか、細かくない人、神経的に。女の人ずぶとくなるでしょう。わりと酒飲んでも酔っぱらっちゃうやつがいるじゃないですか。

悠木　わたし、だいたいそっちの系統なんですけど。

つか　いや、悠木さんはどっか、何をしていても計算しているでしょう。

悠木　酔うっていうのは、お酒に酔うというわけじゃなくて、ふだんの生活そのものにどっぷりと。

つか　ふだん。ほんとうに見合しようと思って来ちゃうときあるでしょう。向こうも入れこんじゃって、親も子も。

女は不幸になることを、どこかで望んでいる動物

悠木　つかさんの手でいけば、絶対、相手は見合ことわりますよ。どっちらかっちゃって、一生やっていけるなんて思わないものね、決して。

つか　一生やっていけれると思っちゃう、いこうと思うからいけないんでしょうね。結婚生活を勝ち取るとか、家庭を勝ち取るとかね、そうしなきゃいけないんじゃないか。

悠木　今後、そうするとどんなぐあい？

つか　来年は結婚します。ほんと、ばかばかしいことばかりやってきたでしょう。

悠木　でも、あれでしょう、看護婦さんなんかとずっとつき合っていて、いざ結婚すると看護婦さんの友だちの女医さんの卵、そういうのと結婚するんでしょう。

つか　そういうパターンね（笑）。

悠木　みんな男ってきたないんだから。結婚となると必ずそういうふうに選ぶのよ。

つか　わりといちばん身近な人なり、たとえばサイクルの合った人を不幸にすることはできるわけなんだ。なんか他人を不幸にするのは……きっと自分自身でみじめになって

いたほうがいいみたいな。子どもつくるというのは、どうだったんですか。

悠木　あれは楽だったですよ。あとがたいへんですよね。生まれてからあとが。

つか　そうですよ。幼稚園なんか、入れてくれるとか、入れてくれないとか。ぼくなんか、たとえば兄貴の子どもなんかものすごくかわいがったりするんですけどね。

悠木　わりといい加減なこと教えるんでしょう。

つか　いやあ、少年たちにはきっちり教えます。でも、自分の子どもだったとしたら、殺せという感じでね。つまりどんなことでも、自分がものを書いたりするときだけは、絶対触れさせないですからね。ぼくは書いているところだれかに見せたこと、全くないです。

悠木　『夕鶴』のつうみたい（笑）。どんなかっこうして書くんだろう。かきむしったりするのかしら。

つか　それは非常にみじめで、めめしくなってくる。発想もみじめだしね。だから、そのとき自分の子どもだったら、ほんと、殺せっていう感じで、殺さない女は信用できないみたいになっちゃう。どっかだめなんだろうと思いますね。

悠木　でも、そういう人が、結婚したいと思うのは、ただ父親と母親に対するそういうものと、ときどきみじめだなあと思うのの反動ですか。だって、不幸にするでしょう、子どもと妻を。

つか　女というのはおよそ不幸になることをどっかで望んでいる動物ですね。

悠木　ああ、なるほど。それで実際は不幸にならないんですよね、強くて。

つか　つねに開き直っちゃいますからね。

悠木　はじめてうちの旦那のことほめるんだけれども、うちの旦那、明治の男みたいなところあるのね。すごい封建的なの。さっきも言ったように、女はどっかで悲劇的でありたいと思っている。それを十分満たしてくれるわけね。ほんとに生活費なんか一銭ももらったことないしね。それで、なおかつえばりくさっているんだから。

つか　だから、どっちを選ぶかだな。

悠木　こういうわたしみたいにすごいプライドの高い、いままで男を睥睨《へいげい》していたような女は、そういうのに会うと、コロッとまいっちゃうわけよ。つかさんみたいに正しくものを見て、これは悲劇に酔っているんだなと思わないで。いま、はじめて気がついたわけよ、三年たって。

つか　そのへんでつながり合っていけるけれども、ぼくなんか……。

悠木　自分の人生を全部、計算っていうとすごくいやらしいけれども、たしかに見ていくと、楽しんでいるという感じするね。悲劇も喜劇も。

つか　それには計算立てなきゃいけないだろうとぼくは思っていて……。芝居の場合もそうですけどね、その微妙な計算や、きっちりやっていくほうを、ぼくはいちばん選んじゃったみたいなところありますね。

悠木　つかさんの年代がみんなそうというわけじゃないでしょう。

つか　やっぱり違うと思いますね。どっか頑張ってないという感じはしますけどね。一緒になるのも、結婚するのもいいけど、あいつは頑張ってないなという感じがありますね。どっか、こらえ性がない。

悠木　わたし、男の人が好きなのね。頑張ったりするところが好きなの。もうそろそろやめたほうが楽になるんじゃないかなというところに、しっかりと頑張っているね。男の人が開き直ったら、いやだなあと思う。イロッぽくなくてね。

つか　それを、頑張っているところを絶対見せたくないでしょう。

悠木　つかさんは、ほんとに、いわゆる二枚目の男じゃないけれども（笑）。いい意味のイロッぽさっていうの、きっとあるんでしょうね。

つか　ぼくは学者になりたかったというところ、あるんですよ。ほんと。そういう俗物とか下賤なものを排除してきたみたいなところがあるんですよ。とっても、だから、てれくさいわけ、そういう話するの。

悠木　一回芝居にすればいいわけ？　自分が書くぶんにはいいわけね。

つか　ありますね。たとえば太宰治とかいう人なんか、とても健康的だったと思うの。原稿用紙に書くときはね。日常はもっとつらかったかもしれないですよ。書いちゃえばいいんだからね。おれたちは、どっかやっぱり不健康なわけ。一回かまえてやるでしょう。

ぼくらは平和体験があって、どれだけストイックになれるか

悠木　つかさんの年代っていうのは終戦後ですね。

つか　昭和二十三年。

悠木　終戦後、つかさんが小学校六年生ぐらいのときは、もう月賦なんてあった？

つか　そういう言葉を知っていましたね。

悠木　この間、ぼくらは月賦の世代ですよという人がいたのね。どういう世代ですかと

いったら、何だってほしいものがちょっとのお金で先に手に入っちゃうというの。昔は全部お金をためて、そこまでにじっくり待つ時間があったけれども、いまは先に手に入ってしまう。それはしあわせのようだけど、案外不幸なんですよ。だから、ものの考え方も全部月賦なんですよと言うのね。つかさんなんてどういうところに入るんだろうな。

つか　たとえば戦争体験というのがあるとかいうでしょう。戦争体験があったからつらいという。だけど、ぼくらは平和体験というのがあってね、そのつらさというのがなくて、目の前にコカコーラがあって、ほしいやつ手に入るでしょう。そのときにどれだけストイックになれるかみたいなところがあってね。ある意味で、そこを守るとき潔くあらなければならないみたいなところがあるんですよ。

悠木　ほんとうに、そう言えば平和体験ね。

つか　そこのところで、いちばんだれが不幸になりきれるかみたいなところがある。

悠木　うまく傷つく傷つき方というのと、似ていますね。

つか　いま、しあわせですか。

悠木　わからないわよ、わたし。子どもは何とかわたし中心にいくんだけれども、旦那はわたし中心にいかないからね。だから、別居になっちゃったんだけど。うんざりするのよね。うちの旦那だってそう思っていると思うの。

つか どっかでうんざりしておかないことにはいけないと思うけど。それがまた見えちゃうからね。

悠木 その平和体験というのと、うんざりしちゃうのをちゃんとたしかに感じて、そこからなおかつ飢えた状態というのを自分で探り当てる快感というのがあるのかしら。

つか その飢えた状態というのを探り当てようとしてね。

悠木 だから、保険だとか定期券だとか、そういうものに。それは決して心底あこがれているんじゃなくて、そういうふうに……。

つか こだわっているみたいな。だから、飲んでいて嫁さんがいると言ったり、どっか赤羽あたりの、アルサロ〔アルバイトサロン、キャバレー〕じゃないけど、そんなところで働いていて、子どもはピーピー泣いていて、それでぼくは青山で飲んでいるとか（笑）、そういうことしないことにはどっかいけないんですよ。

悠木 さっきの平和体験というの、おもしろかったな。みんなが戦争体験があるって誇らしげに言うわね。それこそ野坂昭如さんなんて、きらいじゃないのね。そういう人たちが戦争体験なんていうと、ウワー、うれしがっているなあと思っちゃうのね。ご三家でやったりするの、わたしはとても恥ずかしいの。うまく言えないけれどもね。この間テレビの『すばらしき仲間たち』というの見ていて佐藤愛子さん、遠藤周作さん、北杜夫さんの三人が、一流レストランで食事しながら、うちの犬がこういうことをしたのよという話をしてね。わたしは話の内容はよく見なかったの。チャチャチャと回したら、三人、えらい人が出ているわけ。その姿見たときに、すごく嫌悪感がきたの。それで、やめちゃったのね。あれだけはやらないでいこう、一生やらないでいこうというふうに、そのとき何秒かの間だけれども、たしかに思ったのね。

つか　いや、ぼくも一度書いたことがあるんです。あの人たちの節操のなさというのは大きらいですね。どっかで、ここだけふんばっているみたいなところは、ゆずっちゃいけないみたいなところあるでしょう。

悠木　あれを見て楽しいと思っているのかなあ、と思うの、お客が。あのテレビのフレームを占領して。

つか　でももう一つこわいのは、たとえばどっかに書いてあったんだけれども、遠藤周作あたりが、北杜夫は歌がうまいそうだというわけです。子どもが、「おとうさん、北さんは歌がうまいそうだよ」「何だ、北って、お前の友だちか」「いや、作家の」「ああ？　作家っていうのはどうなるんだ」（笑）。だから、遠藤周作とか何とかはどうでもいいけれども、やっているところは別でしょう。ぼくはたとえば書くぼくの空間だけはどんなことをしてもゆずりたくない。

悠木　作家っていうと、だいたい先生って言われるんですね。そういうことで人前で食事をして、つまらない話をして、客が楽しむかと。わたしが作家で、もしそういうふうに出るはめになっちゃって、食べていたらね、最後に、切れる寸前に「お粗末でした。ごめんね」って言いたくなっちゃうね。

つか　ぼくだって先生って呼ばれるんですよ、最近は。つかさん、と言ったら絶対返事しない。先生と呼んでくれ（笑）。そういう恥の持ち方ということなくしちゃうのが、わりと、いまお金になっちゃうんですよ。

悠木　なくしてもいいの。なくしたように見えても、ほんとうのところは、もし人間なら恥を感じるのがあたりまえだと思うの。その部分をなくしたかのごとくフレームに納まってもいい。そこで……あたしテレビが何で好きかっていうと、それが全部見えるから。かのごとくと、ほんとうにそうと勘違いしているのとがはっきりわかるから、好きなの。

悠木千帆の一言

戦争体験の話をして色あせてゆく姿を、平和体験の上にあぐらをかいた私が批判し、テレビで豪華な食事をしながら雑談している先生方の姿を恥ずかしかったと言いながら、私もこのような雑談によっていくらかの収入を得ています。「でも、その恥ずかしさを知っているもの」といいわけをしてみたところで五十歩百歩、同じ穴のむじななのです。

つかこうへいは、同じ穴のむじなをよく識《し》っています。彼の言葉は、人をみごとに切りますが、返す刀で自分をも切り捨てています。そのやるせなさや、ぶざまさをよく知っているからこそ彼の皮肉には迫力があるのです。ほんとうの意味で、己の非力を知っている男なのだと思います。蛇足になりますが、こんな男たちがたくさんいたら、女たちはきっと疲れると思います。だから、時々は思い上がったり勘違いしたりして下さい。しっぱなしの男たちが多いんだもの、せめて、時々なら、ネ、つかさん！

山城新伍

妻に惚れてる男の中身

山城新伍　やましろ しんご

俳優。1938（昭和13）年11月10日京都府生まれ。57年に東映ニューフェイス第4期生として入社。59年『風小僧』で主役デビュー。60年『白馬童子』などのテレビドラマで人気を得たのち東映時代劇、「仁義なき戦い」シリーズなど数多くの映画に出演。俳優を続けながら映画監督、テレビ番組の司会、バラエティー番組出演など多方面で活躍した。2009年8月12日死去。享年70。

対談当時は37歳。川谷拓三と出演した日清食品「どん兵衛」のCMは、この年に放映が始まり、14年間続いた。私生活では女優の花園ひろみと結婚・離婚を2回繰り返した。

セックスっていうのは絶対ふけるものだ

悠木　すごい胸毛なんですね。
山城　違うんです、これ。
悠木　貼っているんですか。
山城　いや、貼っているわけじゃないんだけど、ポロシャツ用で下がないんです（笑）。
悠木　見えるところだけちょっと……。
山城　夏場向きで。
悠木　髪もちょっとシラガになって。
山城　寄る年波でね。
悠木　そんなにたちますか、でも。
山城　あ、デビューしてから？　そうですね、もう十九年目でしょう。
悠木　わたしが、こんな時分に。（子どもの背丈を示す）

山城　また、いい加減な。恥も外聞もなくやっているから。

悠木　でも、やっぱりあれですね、二枚目ですね。いまでも、かつら乗せてキューッとするとばっちり二枚目でしょう。

山城　いやいや。

悠木　前髪をパラッと下げて二枚目で。

山城　眼が見えなくなってきてね、このごろ。乱視と遠視の、ガチャ眼なんですよ。

悠木　奥さんね、わりと山城さん自身がたくさん女を知っちゃったあとに結婚なすったケースなんですか。

山城　いや、まるでそうでなくて、ぼくのニューフェースの同期生なんです（夫人は花園ひろみさん）。ということは、十八年前にデビューして、女房と一緒に俳優座養成所に東映から預けられてね、そこでずっと一緒だったの。ぼくが十八、女房が十六ぐらいからずっと……何となく、わりに運命論者なの、ぼくは。ああ、この女と結ばれるみたいな。そんなのあるでしょう。

悠木　だけど、向こうは。

山城　向こうはそう思ってないかもしれないけれども、暗示っていうのあるでしょう。

だから、きみは絶対将来一緒になるよ、おれと。十年だよ。あと八年だよ。あと七年だよ。言っているうちにだんだんその気になってきちゃったのね（笑）。

悠木　じゃ、結婚してから遊んじゃったんですか。

山城　いえ、その間もずっと遊んでましたよ。

悠木　でも、奥さんはすごく信じこんでいるそうですね。

山城　そうね。遊びイコール浮気かどうかわからないけれども、結婚してからのほうがうんと楽しいみたいな。そういうことって、何か妻を冒瀆しているみたいだけどね。

悠木　つまりいつかは帰る家がちゃんとあるみたいな。

山城　それと、制約された時間の中で、忙中閑ありというやつでね（笑）。ぼく、京都の仕事に行くとまるで遊ばないですよ。宿でずっと本を読んだりなんかしてね。だから、不自由な時間の中で時間を捻出して遊ぶみたいな楽しさ。遊びとか浮気というのは本来そんなものじゃないか。

悠木　わたし一度、奥さんと一緒に出ているテレビでインタビューされているのを見てね、すごいケッサクな夫婦だと思ったのね。

山城　そうですか。妻はまあ信じこもうと思っているところもあるんでしょうけどね。

悠木　もう何年ですか。

山城　十一年目。

悠木　たつと、セックスなんていうのは、もうほんとに新婚みたいなふうじゃなくなりますよね。そうして奥さんにね、それを、「きみの容姿が衰えるからしないんだよ」ってようく言ってきかしただって（笑）。

山城　それは、だって、いまの女性と違って十六ぐらいから一緒になっているから。それにあの人は週刊誌読まない人なんですよ。なぜ読まないかっていうと、おかしいのは、印刷が雑だからね、インクが手につくから、よごれるからいやだって読まない。

悠木　わりと無知というか、純な感じ……。

山城　無知でありたいみたいに努力しているところもあるし。セックスっていうのは絶対ふけるものだ。光陰矢のごとし、あれは光陰じゃない、荒淫と書くんだから（笑）。でもやっぱり夫婦のことだから、たまに一緒にいると、二日間とか三日間とか、手が触れ足が触れるときがある。そうすると、かみさんのほうが、「やめて、やめて、ふけるから」（笑）。

悠木　サイコーだな。奥さんのことを、どの面をいちばん大事にしていますか。

山城　ぼくは全部好きだし、まあきざに言えば、生まれ変わってもいまのかみさんと一緒になろうと思うしね。まるで何にもできない人なの。たとえばぼくは結婚してから、朝ごはん食べない習慣つけられちゃったの。なぜかといったら、ワイフがめんどうくさいからつくらない。どうしてといったら、「だって、眠いんだもの」ってひとことで。「どうしてほしくないの」といったら、「だって、あたし眠いもの。あなたの体力とわたしの体力考えてごらんなさい。あなたは起きられても、わたしは貧血症だし起きられない」っていうから、あ、そうだな。

ぼくは自分で目ざましかけてソーッと出て行く。だけど、やっぱり男だから、ある日突然、ひと月ぐらいたって、いろんなものがたまってくるわけ。家庭の味、ふっと頭にかすめる瞬間があるわけ。そうやって家に帰ると、その日も何にもなかったら、「おい、お前、たまにはつくれよ」。そういう、きょうはひょっとすると女房に言うんじゃないかという日にね、あやしげな料理ができているわけ。「クッキングカード見てこさえたんだけれどもね、食べてみてくれる？　あなたの好きな京都風の味つけなの」っていうのが出ている。

悠木　いいタイミングね。

山城　相性がいいんだろうと思いますよね。

かみさんは家にいてほしい
どうしても養いたい

悠木　外国に行ったりなさるでしょう。たとえばおかみさんのおみやげなんて、気をつかいます？

山城　ぼくはともかく結婚、恋愛を含めて十八年つき合っているんだけれども、毎日かみさんの歓心を買いたくてしょうがないわけ。

悠木　へええ？

山城　ドラマでもそうなんだけど、ぼくはえらい批評家にほめられようが、けなされようがどうでもいい。ワイフだけがモニターで。妻が――正しい目じゃないと思うけれども、「わりによかったわ」みたいなの……。だから、きょう、女房のごきげんとりたい、歓心を買いたい、かみさんが喜んでくれたというのがすごくうれしい部分があるの。だから、やたら女房のものを買いたい。

悠木　はァ。じゃ、さんざん外国旅行して、帰り際に、あ、かみさんに買っていかなきゃならない、飛行場であわてて香水を買うっていうことは。

山城　それはないです。頭から女房に、今回こういう……やっぱりトリッキーなことを考えるわけよ。これをふっと見せたときにこういう喜び方をするだろうなと、意外なものを買うみたいな。感動したら泣いちゃいますからね。子どもみたいなやつだから、喜んで。

悠木　わりとみんな女房女房いって、口にするわりには、飛行場でチャッチャッと買って値段は高いんだけれども、すごく安易な感じ。

山城　ぼくは服から靴から……。うちのかみさんは何にもしない人でね。ぼくが全部選ぶんですよ。本来オスというものは、ぼくの考え方は独裁的なんだけれども、かつてわれわれが石矢をもって恐竜やマンモスと戦って養ったみたいに、ぼくの中には多少なごりがあるわけ。だから、かみさんは家にいてほしいわけ。ぼくはどうしても養いたいわけ。保護本能が強いですから。そういう意味では、うちのワイフなんていうのはひ弱で、一年中十ヵ所も二十ヵ所も病院にかかる。どうってことないんですけど、やたら病院が好きで。三日も京都にロケに行きっぱなしだったら、ひょっとして何にも食わずに死んでいるんじゃないかみたいな気にさすわけね。

悠木　女にひどい目に遭ったことないですか。

山城　ないですよ、一度も。また、だから楽天家で太るんだろうけどね。ぼくはワイフに感動したのはね、ある日、うちの会社の先輩でおもしろくないやつがいて、ぼくがかみさんと飲みながらグチったわけ。男らしくないグチリ方をした。かみさん、やおら興奮してね。日本てぬぐいと出刃庖丁を持って、殺してこいというんですよ（笑）。その家はどこだか調べてあるから行ってこいっていうわけ。あなた、男の自尊心を著しく傷つけられたんだから死刑にはならないというんですよ。殺す動機は十分ある。こっちも酔っぱらっているからね。珍しく飲めない酒飲んで。よおしってそれをふところに呑んでね。表に出たけれども……。

悠木　どうしていいかわからない（笑）。

山城　さりとてすぐ帰っちゃみっともないし。少なくともかみさんには、ひょっとして、あの人あんなことを言ったけれども、やってくるんじゃないかと心配はさせたいしね。そんなものを持って、もう夜中の二時三時に行くところもないし、困っちゃってね。それを持って女の子の家に「こんばんは」って行くわけにいかないし。しょうがない。知り合いの飲み屋に行って、そこで何となく二時間ばかり飲んでいて、「ちょっと預かっておいてくれ」「これ、何なの？」「いや、あの、事情は」って置いて、あまり酔ってもないのに、「これェ、この野郎」って大声張り上げて帰ったら、「早く寝なさい。くだらないこと言ってないで」。これは暗黙のうちに、男のくせにそんなグチはみっともないわよって、わりに教訓だろうと思うの。毎日が変化に富んでいておもしろいですよ。

悠木　山城さんの芝居ね、それはいろんなこと、出る杭は打たれるで言われると思うけど、わたしは好きなのね。とにかく挑戦してみるという、好奇心ってのあるでしょう。挑戦するからドジるときははなばなしい。でもやっぱり壮絶な失敗っていうのは必要ですね。

山城　そう思いますね。それと、ぼくは、役者なんていうのは、そんなたいそうなものじゃない。ぼくはまずメリットとかデメリットとか、いまの若いタレントさんが使う言葉、大きらい。

悠木　計算ね。

山城　あの演出家と組んだから、あの作家と組んだからみたいな。だから、マスコミ受けするとかいう感覚。ぼくは役者というのは選ぶものじゃない、ただ出るものだと思う。悠木さんに反論されるかもしれません。

悠木　いえ、わたしもそう思います。

山城　じゃ、山城さん、代表作、何ですか。何にもないんですよ、ぼくはね。何にもないし、事実またあっちゃいけないと思うし。代表作があるっていうことは、自分に限界感じていることだから。ぼくはもう一生役者なんかやめられないから、ワイフに見とられながら、息を引き取る瞬間に、妻が「しっかり、パパ」なんて言っている状況の中で、スーッと脳裏をかすめて、あの映画よかったなあ、あのテレビよかったなあというのがふっとかすめてくれたらね、それが代表作だと思うの。これは自己弁護がましくなるけれどもね。だから、作品というの選んだことないですよ。来るもの、順番にやります。

悠木　わたしもね、来た順とギャラの順できめるのね。

山城　ああそうか、ギャラはかなりある（笑）。

一週間のうち四日は、結婚してよかった

山城　ぼくは五つ六つから映画ずっと見てましてね。ぼくは京都の西陣の興行界の中の、両親が医者で、そういう中で育っているものだから、両親の診察時間というのはずっと

映画館で過ごすわけですよ。

悠木　はあ？

山城　だから、映画がやたら好きで好きで、淀川（長治）さんがあきれ返るんですよ。ぼくがあまり記憶しているんで。映画が好きでしょうがない。東映なんていう会社は特にばかばかしくて大好きだったんだけど、ちょっと内側に入り過ぎていたから、一回フリーになって外からね、見てみたらどうかな、とやめちゃったんです。

悠木　たとえば、それじゃいまお金があったら何かしようと思いますか。

山城　ウーン、ぼくは金ないしあれだけれども……みんなが言うからいやなんだけれどもやっぱり映画つくりたい。われわれがやっているホームドラマしかり、映画しかり、全部ウェットな家族構成の中でしか日本のドラマ生じないでしょう。それを何かやっぱり……。それが日本のブラックユーモアみたいなものを拒絶している部分なんだろうけれども、そういうものっていうのはやれないのかなあみたいなね。道楽でもいいからやりたいな。ぼくら、自分の中で、おれは頂上はきわめられないからというもの、絶対あるんですよ。また、きわめたくもないし。

悠木　そうかな。でも、最近変わってきているような気がする、芝居の傾向がね。やっぱり向こうの映画見るとそうじゃないあれが、頂上きわめてきているでしょう。そうするとわたし、山城さんみたいなたちの役者が数多くなって、ムキになってやっていったときに、わりに快作ができあがるんじゃないかという気がする。

山城　ぼくは東映の一つの歴史の中で、二枚目中心の時代劇のスターシステムの中で、ぼくは逃げた部分ばっかりにいたんですよ。二枚目、競争率が激しいから、こっちにちょっとさけてみようとか。

悠木　でも、わりと競争率の中で残っていたんじゃない。

山城　まあ好むと好まざるとにかかわらず、あの当時はみんな若衆やらされたから。

悠木　若衆か（笑）。

山城　ずるい部分っていうのは、山の中腹にいて、ときどき上をひやかしたり、下をひやかしたりしてやろうみたいな、わりに楽みたいなことってあるでしょう。そういうのに甘んじていた。このごろ、ときどき上にのぼって、ときどき中腹に行ってやろうか、下をひやかしに行ってやろうかみたいな。ただ、おれの位置はこうだみたいのはあるんですよね。

悠木　自分の位置を心得すぎている悪さっていうのないですか。

山城　あるでしょうね。

悠木　わたし、ある意味で新伍さんは常識的な部分を持っていると思うのね。こと、自分に関してね、ひゅっと納めちゃうみたいな。

山城　たしかにありますね。

悠木　ちょっと傲慢になりきれない、ちょっと恥ずかしいからっていう、そういうのがある。ある日、やってみたらどうですか。

山城　やってみましょうかね。

悠木　しょうがないから、それは演技で。

山城　そういうテレの部分いっぱいある。ただ役者になっても――夫婦でもそうだけれども、ぼくはわりに一週間単位にものを考えるの。一週間のうち四日、結婚してよかったな、三日間、待てよ、一人でいたほうが自由だったのになあ。そういう四日、結婚したことがよかった、役者になったことがよかったと思えること。それが逆になったらこわいけどね。そう思えたら自分の人生って幸せだと思う。いま役者に関しては、五日に二日ぐらいの割で、なってよかったと思う。二日は待てよ、医者をやっていたほうが、親の希望どおり。もうかったかな。

悠木　そういう感じのお医者さん、いるわね。ちょっとあらっぽくて、そこがいいなんてね。相手役の感じでは、山城さん、あまりドラマないですよね。

山城　そうですね。

悠木　たとえばフェイ・ダナウェイなんて相手役と必ず寝るんですってね。ああいうの、すごいですね。

山城　ジャック・ニコルソンもそう言うね。不幸にしてぼくにはそういう相手役というのはない。脇に出ているから。じゃ、いま森光子さんとドラマやっているから、寝なきゃいけないのかな（笑）。

悠木　それはたいへんだ、日本の場合は。

山城　でも、そこまで気持ちの高ぶりに持っていけるということはすばらしいことだと思う。寝る、寝ないっていう行為よりもね。

悠木　季節の切りかわり、旬なんて好きですか。節句みたいの。元旦から始まって、そういう季節の行事みたいの。

山城　ぼくは行事、歳時記大好き。

悠木　いまふっと、そういう感じしたのね。

山城　これはワイフの影響もあるんだけれども、チャキチャキの江戸っ児だから。「おい、あした仕事で、こういうのがあるからね、ちょっと見に行って」「何言ってんの、あんた、お酉様《とりさま》じゃない、何で行けるのよ」「あ、そうかごめんね」。おれ、最初のうち何だろうって思っていたけれども、本来そういうものの持つ意味考えたら、すばらしいなと思う。

悠木　そういう主婦がたくさんふえるといいですね。いま、忘れちゃうから。

悠木千帆の一言

病気になった時、私は病気ですといってわがままになる場合と、病気であることを他人に悟られないように、馬鹿に健康人のように振舞う場合がある。わがままになってくれた方が、他人であるこちらにとっては楽で、元気に気をつかわれると、あとでガックリくるんじゃないかと、ふびんになってしまう。新伍さんの優しさには、その両方が入り混じっている。

本当は病気だったり傷ついたりしてんだけど、まるで元気で陽気だったりする。

でもそうすると、他人が、気の毒に思うだろう、それじゃ気をつかわして、それこそ気の毒だからって、今度は逆にわがままにしたりする。こういう複雑な気のつかい方を、さり気なくする彼は、とてもあったかくってステキだ。多くの人はそのやさしい変化に気がつかないかもしれない。だけど……誰もいないと思っていても、どこかで、どこかでエンゼルが、チャチャンとのぞいてる……新伍さんのエンゼルは、きっと奥さんですね。

いかりや長介

四十男の大問題

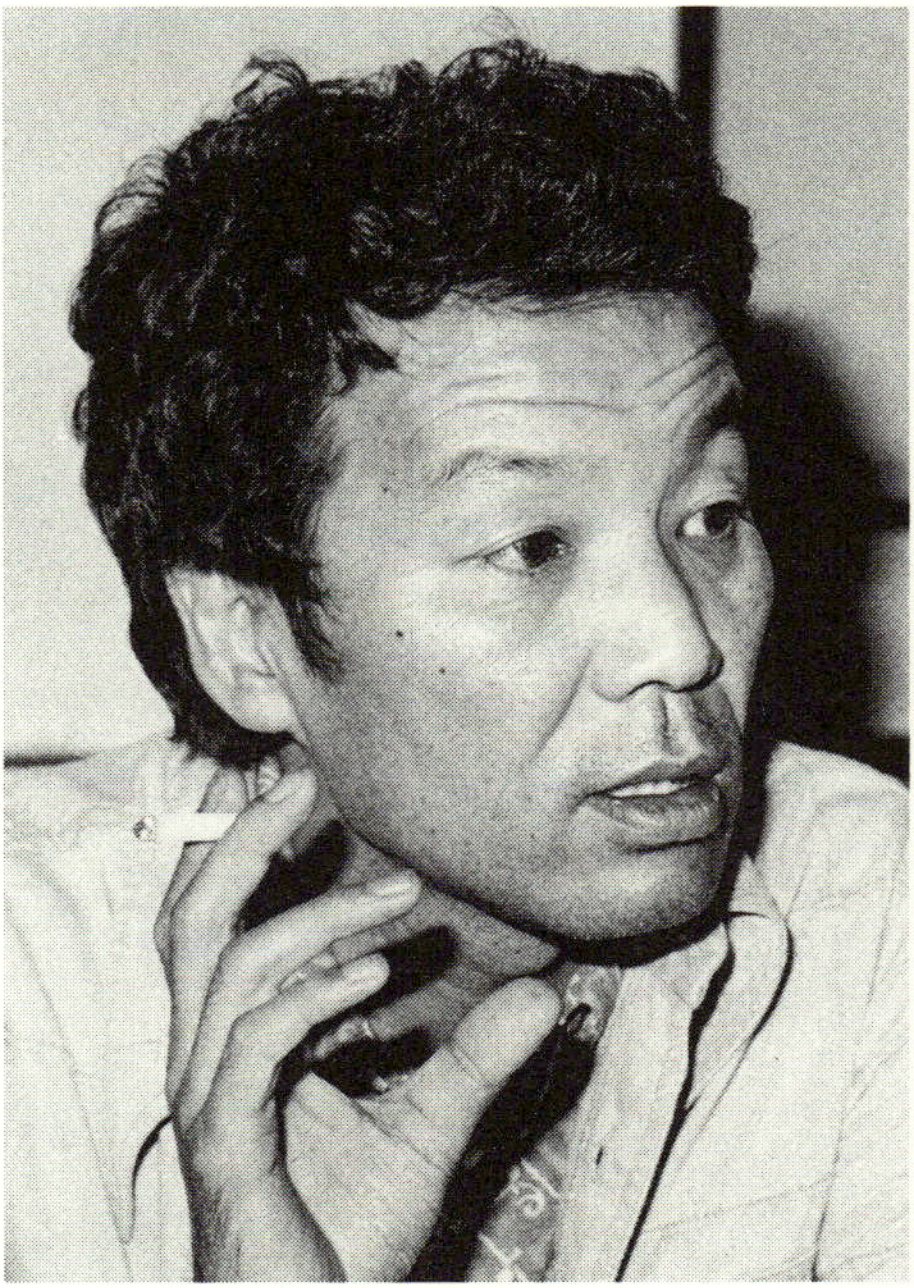

いかりや長介　いかりや　ちょうすけ

コメディアン、俳優。1931（昭和6）年11月1日東京生まれ。戦時中静岡県に疎開。工員などを経て上京、ミュージシャンを目指してバンド活動を行う。62年ザ・ドリフターズに加わり、64年からリーダー。69年から始まったテレビ番組『8時だョ！全員集合』や『ドリフ大爆笑』で人気を博す。その後、存在感のある俳優として活躍。99年、映画『踊る大捜査線　THE MOVIE』で日本アカデミー賞最優秀助演男優賞を受賞。2004年3月20日死去。享年72。

対談当時は44歳。私生活では3回結婚をしている。一人目の妻とは対談から2年後の78年に離婚。二人目の妻は79年に結婚、89年に死別。三人目の妻とは93年に結婚。

この年になるまで、乳ばなれしないでずっと来てしまった

悠木　だいたい、いろんな女優に聞くとね、あたしが見たときに長さんがちょっとテレて、なんか下向いたとか、喜んでましたよ、みんな。

いかりや　ぼくが？

悠木　いろんな女優がみんな言うの。あたし長さん好きだわ、って。だから、向こうは何とも思っていないんでしょって言うと、いや、すれ違ったときちょっとテレた感じでいたとか。……みんなにしてるんじゃない。

いかりや　それぞれが言うわけ？　そうじゃない。習慣なんだ、それじゃ。

悠木　長さんの人柄とか、長さんのものをつくる心がまえみたいなもの、すごくいいと思うし、そういうのはわりとみんな知っている。そのへんはきょうは省きまして……。

いかりや　ウン、遠慮はしませんから、大丈夫だから。

悠木　そういう感じでお話聞きたいと思うの。あっちのほうの話は、一生懸命やってい

るんだから。

いかりや　それでいいじゃないか。

悠木　わたしは思うのね。ただ、それじゃ今後長さんさァ、顔を見ているとさァ、すごく実直そうだしさァ。

いかりや　ウン。ウンだとか（笑）。

悠木　やっぱり有名だし、ちょっとやそっとじゃ悪いことできないでしょう。

いかりや　ウン。

悠木　子どもに悪いことしちゃいけません、いけませんって言うと、したくなっちゃうようなものでね、長さんも、できない、できないというとしたくなっちゃうでしょう。

いかりや　それはありますね。まあ悪いことって、何を言っているのかわからないけど。

悠木　たとえば奥さんがいやな思いをすることを顧みずにしたくなるという気持ちは、あるでしょう。

いかりや　まあ、ありますね。

悠木　そうすると、どうしても顔見ているとそういう人に見えないんだけど。

いかりや　今ぼくの一身上の問題はね、今後どう生きるかということなんですよね。

悠木　それが聞きたいなと思って。

いかりや　これがね、一身上の問題というぐらいのもので、大問題で結論なかなか出せない。

悠木　それは出せないですよ。ただ、どういうところでそういうふうに考えているのか聞きたいなと思った。

いかりや　ただ、危険だなと思うのは、あまりにも、今言った、悪いということをいろいろ自分に——自分が勝手に禁じているんだけれども、その欲求不満の蓄積が、あるとき突然無意味に悪まみれになるようなことを、自分がやっちゃうんじゃないか。それというのは、一応まがりなりにもリーダーだから、もって範を垂れるべしという、そういう習性みたいなものがあるんですよ。だから、これは決してへんな意味でなくて、メンバーのほうがそういう点のびのびやっていますよ。

悠木　独身だし、みんな。

いかりや　だから、ぼくもこれから言い方変えてしなきゃいけない。今までは、こういうことしちゃいかん、これはいかん、あれはいかんと言って。うちへ帰ってずっとそれをまた考え直してみて、ということをおれもしちゃいけないんだ……。

悠木　何を。

いかりや　いろんなことですよ。人に言ったくらいだから、自分がまず範でなきゃいけないということですよね。

悠木　それが正しいことでしょうかね。

いかりや　だから、最近それに行きあたって、これじゃおれがだめになっちゃうし、そんなもの見ても人はえらいと思わないかもしれない。もっと人間さらけ出して、おれは実はこういうことやっちゃったけれども、きみたちはやるなというぐあいに。

悠木　それはないでしょう。おれはやったけれども、お前たちはやるなとは（笑）。

いかりや　けっきょくそういうふうにならないと、成り立っていかないのでねえ。日本の芸能界、そうですよ。世間体は何もかまわねえ、お前さん好きにやれと言っちまったら。

悠木　そうすると、やっぱり世間の反応みたいなものを先に考えます？

いかりや　ウーン。

悠木　正直言ってみんなそうだと思うのよね、それは生活かかっているんだし。

いかりや　そうでしょうね。

悠木　だけど、それが人として世間の反応をまず考えるかどうかというところで、境い目が出てくると思うの。日本人の場合はね、人としてはすてきなことでなくても、頭の中で道徳的にかなっていれば、それをよしとするみたいな、へんなところあるでしょう。

いかりや　ありますね。

悠木　そういうものが、あたし、何かちょっとすてきじゃないような気がするな。

いかりや　だから、今までぼくはただひたすら、子どものころに親から教えられた善悪の見きわめということね、それから大した根拠がなく、なぜこれをしちゃいけないのか、聞き返しもしなかった。それをこの年になるまで、乳《ち》ばなれもしないでずっとその考えで来た、と言っていいと思うんですよ、ぼくという人間は。

悠木　はあ。

いかりや　この年になってようやく、それじゃくだらんということがわかったつもりなんだけどね。さあ、こんど、これからはどういうふうに自分の生活にそれを活用さして、どう生活を変えてひろげていくかということはまだぼくにとってはね……。そう遠くはないですけど、ちょっとした将来の問題なんですよ。またそれが大問題なんですよ。

悠木　アハハハ、ウフーッ。そうすると、そういうことがあるとすると、何をどうしたいんですか、今（笑）。

いかりや　それが、だから、大問題。

下からストーンと引っくり返されるのが好きなんだ

悠木　長さん、だってたくさん女の人をつくっても、だれも文句言いませんよ。

いかりや　いや、文句は言わせないけれど。

悠木　ほかに何を考えているんですか。

いかりや　ぼくですか。ウーン。女にもあるように、男にもロマンというのがある。

悠木　それが聞きたいのよ。ロマンが（笑）。

いかりや　ぼくはね、そのロマンというのは年齢《とし》とともに刻々変わっていく。ぼくの場合はですね。ぼくは、ロマンが利益を生んだり何かするという、そういうロマンはきらいなんですよ。でも、事業をロマンという人もいるし、お金をためることがロマンという人もあるし、ぼくはむしろ逆でね、人から、わりかし、あいつばかだなと言われることがすごくうれしいんですよね。あいつ何であんなことに金かけるんだとかね。一つは、見栄かもわからない。奇をてらうというのかな。

悠木　もう少しロマンについて具体的に言うとどんなことですか。

いかりや　そうですね、やっぱりいろんな人間と知り合いたいということですね。これは男も女もひっくるめてね。それから、人間のほんとうに飾りがない、つまりできれば都会じゃないところ、都会であったらカスバですね、そういうところの人間の生きざまを自分が見ると同時に、その中に自分も身を投じたいというのかな。そういうものを死ぬまでにうんと経験してみたい。今英語を習っているんですけど、ほんとうにゴマメの歯ぎしり、四十の手習いで、効率の悪い勉強だけれども、少なくともやらないよりは……。今、英語は国際語だ、そういう言葉でいろいろコミュニケーション取り合える人間と、何か得られると思うんですね。

悠木　そうすると、長さんみたいな人柄というのは、だれも好感持つと思うのね。特に女なんていうのは。いい年した女優たちがキャアキャア言っているのを見ると。若い清純派はだめだけれども（笑）。人とたくさん会いたいという希望には、そういう人柄がにじみ出ているとは思うのね。だけど、それと会ってどうなると思います？

いかりや　会えばさァ、全く自分じゃ想像もしていなかったような、その人のものの考え方とかさァ、人生観とかね。いろいろなもの、これはびっくりするもの……。

悠木　会ってみなきゃわからないしね。

いかりや　あるもの、あがめているでしょう。たとえば朝からお灯明あげて、お線香あげてあがめる。日本人がそうしている。これはわかるわけですよ、何となく。こういうものの尊さはわからなくても。ところが、これはある国に行ったら石ころでしょう。それが、われわれがあがめているものを石ころと思う人間と触れ合うと、今まで自分の考えてきたことや主張してきたことなんてまるで根も葉もないことでね、冗談じゃない。

悠木　頑張って来たことがね。

いかりや　もちろん人生全部ひっくるめて。それを、何か下からストーンと引っくり返されるのが好きなんですよ。

悠木　好きっていうことはね、その瞬間の快感みたいなのは何なんですかね。

いかりや　具体的に言うとつまんなくなっちゃうなあ。何かやっぱり自分がひとつ知り得た驚きとか、喜びとかいうことであって、それを幾つ消化したからという、そういうものじゃない。何となく年中そういう中に自分をおいておきたい。だから、それがもし、来る日も来る日も連続としますよね、ぼくにとって快楽の連続になるわけね、歓喜と快楽の。

悠木　いつも魂が揺れ動いていてさ、何かに触るとフワーッと花開くみたいな状態をいつも持っておきたい、ということなんですかね。それは長さん、やっぱりほんとうに人間として出来がいいんだわね。

いかりや　いや、そうじゃないよ、そうじゃないって、だってさァ……。

悠木　素直にそうやって……。きっと実にいい往生できるよ、長さんは（笑）。

いかりや　リオのカーニバルって聞いたことあるでしょう。あれ、踊り狂って死人が出るって話も聞いたことあるでしょう。そのお祭りが待ち遠しくて、一年働いたお金を全部使いはたしちゃう。何となくそういうもの理解できるし、ハッピーな生き方だと思うでしょう。ぼくもその程度の知識はあった。それで、いざ行ったわけですよ。始まったんですよ、カーニバルが。そうしたらね、涙がとまらないんですね。

悠木　すてきですね。

いかりや　あんなの見たことないですよ。日本人の理屈で、そうか、そういうやつもいてもいいじゃないか、というんじゃないんですよ。その中にバッと入ってみたら、眼が合うわけよ。ところが、だれかれかまわず、見ると、日本だったら「あけましておめでとう」みたいなもので、だれかれかまわず眼が語りかけてくる。どんな名優でも……ああいう眼の芝居っていうのは日本の芝居には必要ないんじゃないかな。そういう生き方がないから。それをはじめて見たとき、まあ引っくり返っちゃって、それを見た喜びとで、何だかわからない、涙が出ちゃってとまらないの。そういう自分もはじめてなんですよ。

悠木　やっぱりそれは国のたちもありますね。だから、きっとそういう国はゴルフのコンペでいちばんになった人を、ほんとにみんなで祝福すると思うのね。日本って、そういう祝福する人たちをちゃんと冷たく見ている人たちが必ずいるのよね（笑）。

セックスというのは、中じゃなくて前後だと思うの

いかりや　お嫁さんもらうときにね、ぼくはこれはできるんだな、今。まあ男というのは少なからずバージンの価値を尊重する。こっちにコブつきの女がいる。ぼくにとってどっちが合っているか考えた場合、前はこれでもって価値評価がまず左右されちゃうわけでしょう。ストーンとこっちに行っちゃう。今のぼくは、それはほんとに口はばった

いけど、そういうコブがあるとかないとか、もろもろの付属品がくっついていても、かき分けて真ん中を通って行くというのはできますよ。

悠木　それは自信もって言えるんですね。

いかりや　あっちこっちいろんな人を見て回ったりなんかしたことのおかげだと思う。やっぱりそれはいろいろ段階があってね。顔じゃないよ、心だよという言葉あるでしょう。一時それで全部マスターして、顔にあまりとらわれなくなった時期があった。これでおれは人を見られる、特に女を見る眼が確立できたと。ところが、どっこいそうじゃない。

悠木　やっぱり顔に出てきますか。

いかりや　それはあるでしょうね。直感みたいなものもあるし。一般論じゃなく、自分に合うか合わないかという。

悠木　一見でもわかるようになってくる。

いかりや　いや百パーセントじゃないけどね、以前よりは今のほうが進んだというのがわかる。

悠木　たとえば肉体関係を持つと、かなりわかりますか。

いかりや　ぼくは、それとこれとは分けていますね。

悠木　なるほどね、セックスを分けているわけですか。そういうものはなくても、人としてつき合えるということですか、女と。

いかりや　いや、もちろんそれはなきゃだめでしょう。そうですね、あるやっぱり……ウン、一緒だね。何ていうのかな。セックスといってもね、たとえばこれは全くぼくの勝手なあれなんだけれども、つまり後がいい人というのがぼくは好きなんですよ。つまり燃えたぎってワーッと結ばって、ことが終えて、まさに……くたくたに疲れればしょうがないけど（笑）。何ていったらいいのかな、あとしまつというと聞えが悪いけれども。最初の恥じらいが残っていて。

悠木　こういうことでしょう。終わったあとに、その女の髪の毛をなでてやりたくなるような女ならいいわけでしょう。

いかりや　まあそうだね。ぼくはセックスというのは中じゃなくて前後だと思うの。

悠木　なるほどね。特に、後ね。今まで、これは奥さんに読んでもらわないことにして、後がよかったというのは、具体的にどういう……。いましたか。

いかりや　まあ、いたから言えるんだ。

悠木　要するに恥じらいがあったということでしょう。何がよかったんですか（笑）。

いかりや　だから、最初に言ったでしょう。ぼく個人のあれだから。

悠木　もちろん個人の、長さんのあれを聞きたいの。その女のどういうのがよかったんですか、どの部分が。もちろん精神的なものだと思いますよ。

いかりや　まあ具体的には、ふわっとまたすぐ身をかくすとか、ね。

悠木　かわいいのね。男ってずいぶんだましやすいわね、そうやってみると。これを読んだ人、みんなそれをやればいいんだもの。

いかりや　だって、それは演技じゃできないでしょう。

悠木　それはそうだけどさ、でも、一回こっきりならできますよ、めいっぱい。……そうすると、いとおしくなって。

いかりや　いとおしいというか……何なんだろうな、これは。やっぱり母親を見るのかな。よくわからないけどね。でも、そういう面でこの女に全部まかしておきゃァね。ほんとに頭さすって、よごれも拭いてくれて、まかしておけば間違いない。男っていうのは、女に願うのはそれだと思う。だから、女の膝にポンと寝るというのはすごく好きなの。ぼくは男と女というのは、そもそも出会いが偶然なんだし、親子というのは宿命的なもので、運命で、切るに切れない。もっと楽に考えていいと思うんですがね。

悠木　ずいぶん長さん、子ども相手に……どっちかというと道徳の先生みたいな感じの人かと思ったら。

いかりや　悠木さんの聞き方がうまいんですよ。あたりまえのことを言ってもあたしは聞かんぞという顔しているから（笑）。そんなものはおもしろくもないという顔してるから。

悠木　いえ、そんなことはないけど。

いかりや　でもさァ、夫婦って、結果的にいい一生終わればいいんだから、がんじがらめになって、こいつから逃げられない、こいつから離れられないといいながら、そういう気で終わっちゃうのと、おれさえその気になればいつでも離れられる、お互いにそう思いながらいるのと、どっちがいいか。

悠木　それはそうよ。でも長さんの発想というのは、まず一生懸命やってみるという前提があるわね。ただ単に、勝手に「おう。いやになったよ。さよなら」というのじゃないわね。

いかりや　無責任じゃね、それは結婚する資格がない。

悠木　そういう意味で、人としてあったかいわね。筋は通っている（笑）。ごめんね、答えにくいことばっかり聞いて。

いかりや　みんなゲロさせられちゃった。

悠木　そうでもないでしょ。頑張ってください。

悠木千帆の一言

スターの虚像と実像なんていうけれど、そんなふうに分けることのできるスターにあんまり出会ったことがありません。特にテレビができてなおさらです。映画みたいにワンカットずつとる場合なら演じ続けることはできても、テレビのようにつながってとると、どうしてもふとした瞬間に気がぬけたりします。それでもドラマの場合は比較的バレることが少ないから、収入も掛算でふえない代わりにあっという間にダメになったりはしません。

長さんのような仕事の場合、良いにつけ悪いにつけ人間性が出てしまうので、持ちこたえるのがむずかしいのです。思えば現在に至るまで、ズーッと先頭を走り続けて来た彼の、いくら私的な部分のいやらしさを見つけようと思っても無駄なことでした。人としての苦しみは誰よりも多いことでしょう。深いしわが如実に物語っています。そして、その苦悩が笑顔に変わる時、子どもらは歓声をあげ、女たちはきっと彼を抱きしめたくなるに違いありません。

山田重雄

バレー監督の女性操縦法

山田重雄　やまだ しげお

バレーボール指導者。1931（昭和6）年10月26日静岡県生まれ。東京教育大学（現・筑波大学）卒。教員として赴任した東京都立三鷹高校で女子バレーボール部監督に就任。63年全国高等学校総合体育大会バレーボール競技大会で優勝。64年、日立武蔵の監督に転身、日立の黄金期を築いた。全日本女子チームの監督として68年メキシコ五輪で銀メダル、76年モントリオール五輪で金メダルを獲得。また74年世界選手権、77年ワールドカップでもチームを優勝に導き、世界初の三冠監督に輝いた。88年ソウル五輪で再び全日本女子の監督を務めたが、4位となりメダルを逃した後、退任。日立の監督に戻った。98年2月5日死去。享年66。2006年にアメリカにあるバレーボール殿堂入りを果たした。

対談当時は44歳。モントリオール五輪で金メダルに輝いた直後だった。

四十年間動いていたわたしの時計がパッと止まってしまった

山田　あまりむずかしいことを言わないでくださいね（笑）。バレーの監督でね。そのほかのことは無知なほうですから。

悠木　感じが違うんですね。バレーボールの監督の顔をだいたい思い浮かべていたら、ずいぶん違うの。体を動かす仕事に従事してないみたいな感じなんですね。

山田　ああ、そうですか。

悠木　選手たちからもてませんか、男として。

山田　どうですかね。もうそんな年じゃない。四十四ですからね。

悠木　そのくらい、いちばんいいんです（笑）。

山田　じゃあ、あまりおこぼれがいただけないな。

悠木　体動かすからかな、選手のほうも。疲れるんですね。きっと。

山田　それと中学高校とバレーボールだけやってきましたからね、ほかのこと何も知らないわけですよ。デートや恋をしたことが、ほとんどないと思うんですよ、ですから処女というものが現在どう評価されているかわからないけれど、何か清潔な……処女を求めるならばここにいっぱいあるというような（笑）。高山植物のような価値はありますね。

悠木　監督の、たとえば和を大事にするみたいな話を読んだりすると、山田さんの性格……和がとりにくいなんてことないですか。

山田　チームとして？

悠木　チームじゃなくて、監督の性格として。

山田　わたしの性格で、和をとりにくい？

悠木　ぎくしゃくした角を大事にしていくでしょう。やっぱり言うべきことは言っておかなければならない。そうするとはね返りですか、出る杭は打たれるで、叩かれませんか。

山田　いつも叩かれているね。

悠木　それがエネルギーになるんですか。

山田　ぼくは和をとりにくい人ね。なのに和を尊重すると言うでしょう。自分にないものを選手に求めるのかもしれんですけど（笑）。これね、日立製作所のね。

悠木　モットーなんですか。

山田　社是を言っているんです。月給もらっていますでしょう。サラリーマンの辛さ。

悠木　ああ、そういうときにね。

山田　ちゃんと点をかせぐところはかせいでいるの。案外器用な生活をしているんだね。

悠木　人を教える喜びがあるけれど、それは一つ卒業していくときにどんなむなしさがあるんでしょうか。

山田　あのねえ、女性っていうのはね、男の立場から言うと、男性に比べてやっているときはとてもよく言うこと聞いてくれますね。よくわかってくれるし、わたしのそばにいてくれるし、なついてくれるからいいんですけどね。終わるとすぐ忘れちゃうのね。

悠木　ウフフ、わかるわ。

山田　すぐ家に帰るっていうの。あれはお母さんがいいのか、家庭がいいのか、やっぱりメンドリなのね。オンドリは外へ行ってエサをつついたり戦ったりするでしょう。オリンピック取った選手も、八年前メキシコで負けた選手もね、「どうや」って言うとね、「もうバレーはいいです。もう家に帰ります」。ぼくはむなしさを食っているようなものだけれども（笑）。昔教えた女の子と町ですれ違っても、あの人どこの人かっていう顔でね、行ってしまうような雰囲気持ちっているんですね。

悠木　極端に言えばね。

山田　薄情。

悠木　薄情っていうのかな、ウッフン。なるほどね。そうすると、常にそういうむなしさと直面しながら、また次の人を育てていく、これは行きつくところ目的は何でしょうね。

山田　ぼくはもう少し高尚なことを言いたいんですけどね。本当のことをいうと、今までとにかく挫折があるオリンピックという形できましたけどね、今回は、はたと止まってしまったですね。今までのわたしの時計が。ずっと四十年間動いていた時計がパッと止まってね、目下どこがいけないのかと思って修理中。どこも悪いところないんですけどね。困ったですね。それで、いま時計を動かそうと思って自分でやっているんですけどね。けっきょくアマスポーツの限界、いろんな意味での限界、これにわたしが直面したわけです。ぼくなんかスポーツ即生活なんですよ。だから一種の見方をすると完全なプロのコーチですよね。プロのコーチがアマチュアスポーツに長く足をつっこんで勝った。そうしてうろうろしても何もないですからね。

悠木　金銭的なことも、保障もない。

山田　金メダル取っても、食べるもの、住むところも地位も収入も何も変わらんわけですよ。これは若者のスポーツだね。だからぼくはこんどは何をするか。文部大臣にも言った、わびしさを感じさせないようなスポーツ政策をとってほしい、と。しかし言ったって何も答えてくれないですよ。けっきょくぼく自身でもう一度、言ったことを自分のものにしよう。

そのために人材銀行ってございますでしょう。ああいう形でスポーツのコーチ銀行を作ろうと思っているんですよ。スポーツのできる大学生や体育の先生を中心にして、オリンピックに出た人とか、そういう指導能力のある人を銀行で預金していただく。その預金を一般のママさんバレーとか夏休みの海水浴にコーチとして貸し出す。保険みたいにスポーツ友の会という形式で、会員になることで指導も、預金をおろすことができるという形ですね。スポーツがどんどん若いほうに行く、世の中全体見るスポーツからやるスポーツへ、技術も非常に高度化した。必然的に正しい指導者が必要なわけですよ。これは選手たちの一種の共済組合にもなりますよね。だから自分のむなしさやわびしさを事業に転換して、世の中のために、社会体育の普及に役立ちたいと思っているんです。

オリンピックのママさん選手は その国の文化の指数

悠木　そういう事業をなさるとしても、人を育てることはやっぱり好きでしょう。……何が好きなんですか。コーチっていうのは。

山田　ウーン、これねえ。

悠木　人が好きなんですか。

山田　バレーボールの監督というのはね、会社経営者と同じなんですよ。

悠木　はあ？

山田　経営者は権限もありますでしょう。それから自分の方針を立てて動かすこともできる。そういうものがすべて内在しているんです。これがスポーツという一国一城の中で行なわれる。まあ箱庭の喜びというか、その最終、いちばん大きい箱庭がオリンピック。

悠木　それが終わっちゃいましたね。そもそもその経営者のさびしさがある。だって、だれにも相談できないで。そういうときは……。

山田　ぼくですか。フーン。

悠木　たとえば奥さんに聞くこともできない。その監督が行きづまったときに、どういうふうにいままでしていらっしゃるんですか。

山田　ぼくはその面では恵まれているんですよ。非常に一人に強いの、だいたいが。たとえばこの体育館の中で三年間出て行けない。食事もトイレも寝るところもあるということであれば平気。三年間どこへ出なくても。バアに行かなくても酒やタバコのまんでも、人に会わんでも平気なんですよ。そういう面があるからね、これは参考にならないくらい、強靭な孤独感というのが強いですね。

悠木　教える側としては、どういうふうにしてくれたとき、いちばんうれしいですか。

山田　いっぱいうれしさは持っているんですけどね。〔モントリオール〕オリンピックの決勝のときにね、松田〔紀子〕という選手が四、五日前にぼくのところに来ましてね、「先生、オリンピック勝ちますよ。ただ、約束してください」というんですよ。何だといったら「一つ、選手の前で当日は朝起きてから試合終了までいらいらしないこと。一つ、選手の前で勝ったらば映画に連れて行くとか、ケーキを食べさせてやるとか、エサを絶対にやらないこと」といったんですよ。その言葉聞きましてね、ああ、無の境地になろうと選手たちはしているんだなと。ぼくが、さあ映画に行こうとか、帰りにハワイに寄って行こうかというと、みんなそういうこと考えて気持ちがばらついちゃうでしょう。ハワイに行くだけの経済力ないですけど（笑）。

悠木　つい口にしてしまうの。

山田　だから、うれしさというのは、選手たちのちょっとしたことで随所にあるんです。

悠木　選手に精神的な部分は、どんなこととしてほしいと願うんですか。特に女の場合。

山田　ずいぶんきびしいですね（笑）。

悠木　全然きびしくない。実に話がおもしろいですね。

山田　これでも努力しているんです（笑）。あなたのテレビもいつも見さしてもらって、チームワークを取っていますのでね。みんなむしゃくしゃしたときはね、あのおばあさんを見ろといって。だからお返しをしなくちゃいかんと思いましてね、一生懸命。

悠木　女の人って扱いにくいでしょう。

山田　よく言われますね。そんなことないと思いますけれどもね。奇妙にその質問は男の人から多いです。ただ、わたしも〔次の〕モスクワ・オリンピックのときに一つやりたいことはね、奥さんの選手があってほしい。どうも結婚するとやめてしまう。これは世の男性がわがままだというのもありましょう。保育所がないという社会制度もありましょう。また経済、住居の関係、いろいろありましょうが、とにかくスポーツ選手で、ママさんでオリンピックに行けるというのはその国の文化の指数だと思うんです。それができないのは、やはりいま言った女の人はむずかしいでしょうと多くの男の人が必ず聞く、この質問が減ってこなければだめだ、と考えているんですがね。

悠木　女の人のやさしさなんて、どんなところに感じるんですか。

山田　簡単に言いますとね。あなたはスポーツのリーダーで勝ったんだから、組織について講演してくれという依頼がぼくにたくさんくるんですよ。ところがこれは間違えているね。男性の場合は、すばらしい組織を作ってリーダーをきめて、それに資金が流れれば組織は動くと思うんですよ。女性の場合は、どんなにいい組織ができ、いいリーダーがおってもだめですね。これは全部監督一人と選手個と個の戦い、個と個の接触なんです。

だから、たとえばわたしのところの愚妻、愛妻でも、どっちがいいかな、ま、女房でもね（笑）、十五年間もつき合っていても、子ども二人おっても、朝行くときに「お前、きれいだな」とか「今夜はおふろわかしておいてくれ」とか、何か甘えたり注文したり、ひとこと毎日のように声をかければ、毎日にこにこしていると思うんですよ。例外ないと思う。それと同じで、選手にも必ず二十人おれば二十人に、それなりに声をかけていかんと、いかんですね。だから女性集団は、六人のわれわれの選手だったら、六人のほうがまとまりやすい。その六人はそれぞれのポジションで、勝負に直接関与しているからね。七人目ができると、それがたとえマネジャーでも、多少やはり七人分の一乱れる。八人いれば二乱れるということになりやすいですね。

悠木　正しいです、それは。女の持つそういうものを、よく……。

山田　一対一の戦いなんです。

悠木　それに疲れませんか。

山田　男はまた、逆にそういうエネルギーはあるんだね。何とかいうじゃないですか。世話をやかせる奥さんほどかわいいとか。

女性尊重、自主性尊重の結果だれも相談にこないの

山田　ぼくは思うんですけどね、八百屋のおかみさんや魚屋のおかみさんがいちばん働くじゃないか。あれは日ぜにが入るからだよ。大会社の従業員は親方日の丸で土曜、日曜日はテレビを見ている。あ、見てもいいですよ。

悠木　大丈夫。

山田　のんびりしておるんですけどね。やはり零細企業の日ぜにが入るおかみさんは、日曜日も働く。そういうふうにバレーボールの集団も自分のものとしてとらえるやり方がいちばん強いんではないかということで、常日ごろから自主性、女性尊重を言っているんです。だからあまりうるさいことを言ったり、腹立てたり、選手を手足のごとく使うとか、私用に使うとかはできるだけ慎んでね、女性尊重の形が成功してきましたのでね。

悠木　尊重すれば、女というのは実によく働きますよね。主婦でも。

山田　そういうことですね（笑）。ちょっとぼくしゃべりすぎたかな。

悠木　いいえ。だけど、わたしは絶対コーチにはなれないわ。さびしいもの。

山田　ぼくは長い間かけて……女性の方というのは内向的な面が多いでしょう。だから戦うために、ネットの向こうの相手と戦うんですからね。ジャンケンして勝ち負け、右の手左の手に碁石を持って幾つか当てる、日常生活の遊びの中にそういう勝負を加え、碁、将棋を教え、マージャン、花札を教えね、勝負のかんどころや決断力を選手にみんなやっているんです。そして自主性を尊重してやっていくでしょう。オリンピック終わった。さあと思って選手の動き見ているとね……。もう金メダルを取った。その瞬間としばらくの喜びのあと、これからの生活設計を自分はどうするんだというのを、みんな的確につかんでいるんですよ。一人としてぼくのところに「先生、これからどうしようか」なんて相談にこないの。さびしいですね、にくたらしいね（笑）。

悠木　それはわかりますね。

山田　そういうふうに育てすぎちゃってね。

悠木　たぶんおうちに帰らなかったりして、奥様こぼしたりなさらないですか。

山田　帰らないときは、二週間ぐらい帰らなかったりしますけどね。あきらめているかな。

悠木　でも、信頼はされているものね。

山田　ただ、わたしはね、子どもが、わたしが帰るとものすごくおとなしいんですよ。

悠木　へえ、どちらですか。

山田　小学校六年の男の子と四年の女の子ですけどね。お父様がいるとずいぶん子どもがおとなしくて助かる、やっぱり父親は権限があって女性にできない何ものかがあるとか。

悠木　そうそう。

山田　ぼくを尊敬したりするんですけどね、そうじゃなくて、他人が、お客様が来たと思うんだね。あまりにいないから（笑）。それでまたさびしさを感じるんですけどね。それから、いつもぼくは家を留守にしていますでしょう。ぼくの母親が亡くなって、おとしですか財産相続があった。家屋敷が多少あってね、ぼくは千坪くらいのところに住んでいるんですよ。そこでいつもうちを留守に泊まり歩くからということで、家屋敷は全部妻のものにしたわけですよ。けっきょくそんなところで忠誠を誓っておかんとね、やっぱりまずいと。よくよくいま考えてみますと、こんど離婚なんていうと、出て行くのはこっちですものね。奥方の屋敷で（笑）。だから少々早まったかなと思って。オリンピック終わって金メダル取って最近ちょっと落着いてから、ずっと家に帰っていますからね。ちょっと言葉つきがぞんざいになったし（笑）。

悠木　父親の存在が大事だと思うのはどっちですか。女の子のほうが特に大事でしょう。

山田　ぼくをじーっと見ているね、女の子は。オリンピック終わってから海水浴に行ったんですよ、はじめて。ぼくは海で泳がんで横着してホテルでマッサージを頼んだんですよ。子どもが海からパッと帰ってきた。そうしたら「パパ、どうして女の人と一緒にいたの」とかね「上半身どうしてはだかなの」（笑）。女の子、うるさいと思いました。そういう感じ。やっぱり女性というのはものすごい眼をね、燃える眼を持っている。

悠木　それと父親にとても尊厳を求めるんですね。父親は正しくあってほしいという。そう思いたいというところがある。

山田　あなたのおっしゃるとおり。父親の理想像を確立しておいてね、それにはめようとするんですね。お兄さんのほうはね、ほとんどぼくと目を合わせない。ぼくがおると逃げ歩いているような感じ。それでぼくがいなくなるとね、ぼくがしたと同じことをするのね。おふろから出てパンツ一枚でなまいきに歩いたり（笑）。母親がお行儀悪いというと「お父さん、それでビール飲んでいたじゃないか」（笑）。電話のかけ方から何から、全部父親と同じことをしようとする。これはこわいな。

悠木　今後は心配していらっしゃるでしょう、それなりに。

山田　ぼくの育った家庭が、父親はほとんどほうりっぱなし、何も言わない。百姓で、働くことだけ。母が小学校の三年生のときに亡くなっちゃったんですよ。だから、ぼくはお母さんがほしくて、ほしくて母性愛に飢えていてね。小学校の三年生から、中学、高校と十年近く、お弁当全部自分でつめたの。自分で洗濯し、ほころびを縫い、全部自分でやってきたんですよ。だから、せめて結婚するとき、子どものためにね、若い奥さんをもらって長生きさせようという形でね、女房とわたしとは十二歳、一まわり違うんです。それだけが、子どもにしてあげたことだからね。

悠木千帆の一言

バレーボールの発展のために、こんなに熱意をもち努力をしている監督だけれど、もしみんながこの世界に興味をもち、それが商売になってきたら、きっと腐っていくに違いない。逆に商品価値がないからこそ執着できたのかもしれない。そして今に……と思うことを自己のエネルギー源にしているような気がします。監督は孤独です。でも孤独に耐え、孤独を愛せるからこそ監督さんなのです。

この後も、ずーっと教え続けるであろう監督は、しかし教えるということによって己が教わり、結果それが己を昇華させていくだろうことを知っているのです。ひとつの道を究めることによって、世間といくら没交渉でも人間を識ることができるのです。それにしても選手たちは、実にしなやかでした。そして調和のとれた肉体をもっていることが、即精神の調和をも示すように、不遜でもなく謙遜もなく、自然に本当の意味での〝和〟をもっていました。私の娘にはバレーボールをすすめようと思いました。

米倉斉加年

妻と夫の危険な関係

米倉斉加年　よねくら　まさかね

俳優、演出家、絵本作家、絵師。1934（昭和9）年7月10日福岡県生まれ。57年劇団民藝入所、劇団青年芸術劇場を結成。一度退団するも再度劇団民藝に戻る。中心俳優の一人として劇団を支え、演出家としても活躍。『風と雲と虹と』『花神』などNHK大河ドラマの常連としても知られる。76、77年ボローニャ国際児童図書展グラフィック大賞、81年日本アカデミー助演男優賞、88年第23回紀伊國屋演劇賞などを受賞。2000年劇団民藝退団後はフリーとして様々な場で活躍。07年「海流座」を旗揚げ。14年8月26日死去。享年80。

対談当時は42歳。私生活では、22歳で小学校の同級生と結婚。

ひもじいときや、いやな芝居のときにいい絵がかける

米倉　うちはみんな悠木さんのファンなんでね、ぼくも悠木さんなら……。

悠木　そういう人ばっかりならいいんですけどね、もう絶対あれとは対談するな、なんていう人がいっぱいいて、もうまいっちゃう。

米倉　うちにいま甥がいまして、それは大学を卒業して就職したんです。そいつと高三の息子がファンでしょう。それから下の女の子が小学校一年生、これがものすごいファン。どういうわけか、あの時間になるとうちに居ない。どうしたんだ、っていうと、隣に行って見ているっていうんです。

悠木　人と見たほうがいいのかな。米倉さん、絵かくでしょう。あれは好きだからですか。

米倉　あれはそもそもが、欲求不満から。だから、うちでも、ぼくがほんとうにかく絵は、気持ち悪いといって掛けてくれないです。

悠木　でもね、財津一郎さんがね、米倉さんの絵が実に魅力的なんで、あれと同じパターンでセックスしてみたんだって（笑）。あんなふうに入り乱れてできるものか。あの人も探求心旺盛で、あたしも感心したけども、あの絵を見ながらね、絶対できないわけはないと思って。そうしたらね……。

米倉　絶対できないですね。

悠木　できましたって。

米倉　そうですか。

悠木　そのかわり痩せた人としなきゃいけませんって。ハハハハ。

米倉　ただ、ぼくは、見てかけないの。つまり、芝居でね、やりたいことがやれないでしょう。そこから始まってきたわけですよ。

悠木　あの絵は？

米倉　だから、絵かいているとね、動くんですよ、絵が。ほどよいところで、くっと一瞬の静止状態をつくるわけです。だから、動くわけです。見るとかけない。つまり何かが湧いてくるからかくんで、見たんじゃかけないわけです。

悠木　はあ、なるほどね。

米倉　きょう会ったら、ぼくは悠木さんに聞こうと思ってたんですが、悠木さんは視覚型かな、聴覚型かな。どっちですか。

悠木　あたしは全然感じないほうなんです。見ないとだめ。

米倉　いや、音楽のほうですか、それとも絵のほうが得意ですか、好きですか。

悠木　だから、絵もね、見てかく。

米倉　でも、得手なのは絵のほうですか。音楽のほうですか。

悠木　音楽はわからないです。

米倉　あ、ぼくは絶対信じていたの。視覚型だろうと。昔芸大に行ったことがあるんですよ、ちょっとあることで。そうしたら、音楽のほうにはオペラ科があっても、演劇部がないんです。絵画のほうに演劇部があるんです。今はどうだか知りませんがね。

悠木　はあ。

米倉　ぼく、悠木さんの芝居はね、なんであんな芝居……。こんど会ったら……。

悠木　むちゃくちゃだもの。

米倉　ぜひ聞こう。やっぱり視覚型の女優さんじゃないかなあと思った。やっぱりそうですか。

悠木　ああ、そうですか。はあ。

米倉　ぼくもね、最初なんでかいたかというと、よく考えるとね、こうなるという出来上りのイメージはなくて、そういう感じの何か色合いとか形とかがあるでしょう。人間がさびしいときこう、それは人間わざじゃない恰好なんですよね。そのイメージに、何か自分で近づくでしょう。それが絵の原型だから、芝居も絵もおんなじ発想なんです。

悠木　でも、それはすぐれた発想の仕方でね。あたしはね、町歩いている人を実際に見ないとね、イメージが湧かないほうなんですよね。

米倉　いや、それは同じです。ぼくは、そこらへんにあるの、全部、絵の題材になるんです。気にいった小道具や、女の恰好とか顔つき、眼つきがあると、それで何枚も何枚もかける。ただ、見たようにはかかない。そこから感じとったものを表現していくんです。

悠木　そうすると、それは欲求不満から出てくるとおっしゃいましたけれども、ふだんはわりとふつうの常識的な生活を送っているわけですね。

米倉　ぼくはごくふつうの生活。だから、悠木さんはどうだろうと関心があったんです。みんなは変わってる人だろうという。ばか言うな、絶対あの人は違う（笑）。非常に感性のすぐれた人だからそう見えるんだ。この発言は何か気に入らないことがあるからわざと言っているんだとか（笑）。いや、ぼくはね、ある世界に突入するためには、どうしてもふつうにおいておきたいでしょう、自分を。……でも女の絵は旅先だと、いい絵がかけるんです。やっぱりひもじいときに、イメージがいろいろ湧くでしょう。いやな事件があったり、いやな芝居のときに、いい絵がかける。だから、あまりしあわせでうちにいるときはかけません。

絵、かき出したのは金がほしいからです。ほら、芝居じゃ体が行かないとかせげない。我々ニコヨン〔日雇い労働者〕だから。ぼくら旅に出るでしょう。生活は苦しくなる。体一つでしょう。それで単純な計算したんですよ。体がなくてかせげる商売はないか。はたと、絵だ。でも、やっぱり一つのことというのは、十年近くかかりますね。でも金がほしいわりにはもうかりません。

ぼくの場合、女房に抵抗され続けたから。えんえんと

悠木　奥さんははじめての人ですか。はじめての人って、初婚ですか。

米倉　そうです。
悠木　奥さんに対して女としての不満とか、……たとえば女としてまだ感じるんですか。
米倉　小学校からの同級生。だから女房《にょうぼ》っていう感覚じゃないんですね。
悠木　最初から？
米倉　最初から。友だちの連続なんです。だから、いまでも、この人に「おい、お茶」と言っていいのかなと思ったりする。中学時代に「おい、お茶」なんていうと、新制中学のトップだから、ぶっとばされる時期でしょう。
悠木　たとえば夫が妻に対して女を感じなくなっている人っていうのは、だいたい十割方そうだと思うんですよね。
米倉　はあ。
悠木　十割方というといけないけど、女としては非常にそれは不満なのね。
米倉　ぼくの場合、それはあまり感じないです。抵抗され続けたからかな、奴に。つまり、女房というのは家事をし子どもを育て夫にかしずくことだけではない、という前提にえんえん、いまでもいるわけですよ。だから、洋服を着せ掛けてもらったことなんか生まれて一度もないもの。ところがテレビ局で掛けてもらうようになるでしょう。そのうち、女房が背広持ってきて、こう（肩を出すしぐさ）したら、「何してるの、あんた」と言われた（笑）。最初はテレビ局で困ったんですよ。こうされるからね、動かすからね。「じっとしてればいいんです。こうしていればすっと通してあげるんです」って。

悠木　米倉さんは昭和……。

米倉　九年生まれ。

悠木　男の人ってだいたいみんなそうなんだけれども、最初の女の人との出会いの良い悪いで、ずいぶん後の人生がきまっちゃう人がありますけど。

米倉　それはありますよ。森崎東さん（映画監督）と小沢昭一さんと三人で話した。ぼくは聞き手だったけれども。そうしたら、それだという話になってきたわけ。どうも女のあれというのは最初の経験じゃないか。小沢昭一さんがおかしかったのは、ぼくは新宿をひとまわりしないと眠れないぐらいだ。女房にも金出してやるんだったらもっと熱心にするというわけ。あれはただだからどうも熱心にできない（笑）。森崎さんは違うっていうわけ。最初が違っていた。だから、金出してはできないっていうわけですよ。ぼくなんかも全然、飲まないし、知らない人っていうのは、どうしてもそういう気にならんというのは、実は最初の経験がそうだからだろうなあ、という話をした。

悠木　セックスについて願望なんていうのありますか。処女を犯してみたいとか。

米倉　あまりないな。

悠木　そういうのは全部、絵だとかそういうもので表現しちゃうんですね。

米倉　そうかもしれない。完結するんですよ、非常に速いスピードで、気が短いから。だから、猛烈に気が長いの。サイクル、早いから。稽古見ていても、あいつだめだと思うでしょう。次の瞬間に、まだいくかもしれないと思う（笑）。だから、えんえん。高校のころなんかよく想像するわけですよ。女が来ると、ちょうど読んだエロ本に当てはめるわけ。ぼくがこうすると、あれはこうなって、こうなって……ああ、つまらないと思って諦める（笑）。それの繰り返しでしたね。

悠木　米倉さんの場合は、ある意味で別のケースなんだけれども、よその夫婦見ていてもね、妻と夫がだめになるときというのは、だいたいどういうときだと思いますか。

米倉　わからなくなっているときじゃないですかね。自分の仕事に熱中したりするということで、女房の状態がわからなくなって、何を考えているかわからなくなったときに、行き違いができてくる。だから、やっぱり情報のキャッチとか、精神状態がわからなくなったとき、お互いの。

悠木　なるほどね。じゃ、実際に不貞を働くとかいうふうな……。

米倉　ことというのは、お互いがよく知っていてあれすれば、何か解決のメドはあるんじゃないですかね。ないかしら。

悠木　そうらしいんですよね。不貞というのは案外ね、ほんとうに相手に惚れたりなんかしてそういうふうになる場合、少ないんだそうですね。だから、決定的に離婚の原因にはならないんだそうですね。

米倉　そうでしょうね。

男女の性が近寄りすぎたのを逆手にとる表現もある

悠木　全然お好きじゃないかもしれませんけれども、〔二代目〕博多淡海さんという人、中学一年ぐらいのときに見たけど。おばあさん役者。体がピョンと飛ぶ人。びっくりしましたね。

米倉　好きじゃないどころか。いま、角座《かどざ》〔かつて大阪市道頓堀にあった劇場〕の座頭に。あそこに一年行って修業したいと思うくらい、好きです。ぼくは前から藤山寛美さんとか、ああいうところに行ってね、ほんとうに事情が許すなら一年ぐらい……。あそこでね、ガヤ（その他大勢）でもいいからちょっと使ってもらいたいぐらい。

悠木　寛美さんって、あまり体動かさないでしょう。

米倉　あれにも感心している。ぼくは動かすほうでしょう。話劇で笑わす話術に驚いている。坐りっぱなしで、どうしてああいくのかわからないです。

悠木　あたしはね、淡海さんのあれに昔から感動する。だから、米倉さんの舞台、あたしたち研究生のとき、芝居の先輩としてすごくその部分感動していましたね。体が実によく動くの。

米倉　逃げ道だったんですね。

悠木　そうですかね。でも、最近の役者は、あたしを含めて体を動かすのすごくいやがるんですよね。ほんとうにテレビカメラのほうで動いてくれないかなという感じで。自分がちょっと動くのも、よっこらしょ、という感じになっちゃうものでね、だんだん劇がつまらなくなってきちゃうんですけれども。

米倉　でも、動いているじゃないですか。

悠木　だから、動かなきゃいけないと思って、叱咤激励しているんですけれども。ほんとは、動くのはすごく苦手な……。

米倉　だから、ぼくは演出やるときには動かすんです。きょうも稽古やっていたけれども、男女の性が近寄りすぎたんですか。……ぼくは人間だろというわけ。群集劇になると、一色になるのきらいなんですよ。群集のエネルギーというのは、一人一人が全部色が違うし、違う世界持っているのがあるから、厚いエネルギーになるんでしょう。同質の、あれがきらいなの。まず人間というのは、男と女といるだろう。同性愛の問題もあるけれども、でもね、男が女を見るときに反応しないんですよ。

悠木　そうなったんですね、最近。

米倉　けっこう日常ではスケベな連中が、芝居になると何も反応しない。だから、けっきょくそれはね、逆にいうと社会現象でもあるのかな。性が近づいているように思うの。

悠木　あたし、この間から、美輪明宏さんとずっと仕事をやっているんですけれど〈TBSドラマ『さくらの唄』で恋人役〉……あの人がね、何しろ演出家とか若山富三郎さんとか、男の人がそばに来てスッと手をかけるとね、エヘへってやるのね（笑）。反応するわけ。あたしは演出家がそばに来て肩叩こうが若山さんのオチンチンさわろうがなんにも感じないの。ある日、あっと思ったんですよ。あたしは不感症になっちゃったのかと思って。女としてそれは筋道じゃない。それは美輪さん見ていて思ったの。あの人は実に美事にね。男に対する感じ方たるや、まあなみじゃないんですよ、その敏感さは。そうしたらみんな見ているとね、案外、ほんとにこの子は処女だと思うような子でも、男の人が来て——由利徹さんなんてしょっちゅう若い子のオッパイさわっているでしょう。それでも、あっというだけ（笑）。

米倉　人間に対しての感覚がうすれてきているんですよね。反応しないんですよ。

悠木　だから、反応するというふうに思わないと、反応しないんですよね。ほんとにそうですよ、あたしなんか（笑）。

米倉　だからね、いちがいに人間的感覚がうすれてきたとはいいきれない気もするわけですよ。そういうある一つの人間関係もあるんだなと思った。じゃそれをちょっと利用して、そこのところを逆に強調してみてもおもしろい。だから、女に男みたいな声出せ、男みたいなやり方やってみろ。つまり逆手使ってみようと思った。だから、男の女みたいなの多いから、お前、女でいけ（笑）。そのほうがはっきりするかもしれない。お前はおかまだ、それでずっとやれ。そのほうがはっきり、男と女のあるものがね、逆に表現することによって出るんじゃないかな。

悠木　ＴＢＳの演出家がね、『真田幸村』やったときに、群集が百人ぐらい出て、一揆を起こして、農民が都にすごい勢いであがってくる。歩いてくる様を俯瞰でとる。演出家が本番の前に下におりて来て群集に、「きみたちね、都を倒そうという熱気と怒りと、同時にはじめて見る都が非常にすばらしい、男も女もきれいだし、みんなきれいだというのと両方出してくれ」と言ったのね（笑）。どうします。それ無理でしょう。それで、どうしたかといったら、半分の人がこうやって、半分の人がキョロキョロしてハーッと感動して、すごくわけのわからないシーンになっちゃった。そういうのとは違うんですよね。

米倉　全然違う。

悠木　だけど、それだって一人一人が同じ色になっちゃうわけでしょう。なんとか違う色を出そうと思ったんでしょうね。話がずれるかもしれないけれども、けっきょくいちばんおかしいのは、本人が痛い思いをして転んだりしているのをね、ほんとうにその痛さがスーッときたときにおかしいのね。だから、お客をおかしがらせる手は、手前が痛い思いをするしかない。もうほかに手がなくなっちゃったと。

米倉　でも、やらないいんですよ。たとえば食べものがあるから自分の席について取るわけでしょう。取って食べるときに何か芝居をやる。よくてそれぐらいだけれども、ぼくは見ていておかしくて笑っちゃったのは、悠木さんが取るとき、おかずのぐあい見て……見るところからあるわけですよ。まずこうしてチロチロッと見て、好きなおかずだけ食っているのが、正直なところおかしかった。

悠木　自分じゃ全然意識しない。

米倉　そこにいると、それが自然に働くんですね。ここから向こうとこっちと比べると、紙一枚より薄いものがあって、こっち側で本人が死ぬほど苦しんだときにおかしい。ほんとうにおかしいのは、人が苦しんでいるのがおかしいんですよね。でもそうはなかなかならないですね。こっちに苦しみが出てくると、いたましくて見ていられないですよ(笑)。

悠木　いろいろうかがって……すいません。

米倉　いやこちらこそ。ぼくの聞きたいことも……。みんなが行け行け、ぜひ会っておいでっていうの。前から、どんな人、どんな人ってしょっちゅう聞かれていた。一度すれ違ったことがあるんですよね、TBSの中で、相当変わった人だと思っているらしいのね。

悠木　でも、あたし正常なところもあるけれどもね、すごく気違いだなと思うところあります。みんなそうでしょう。

米倉　特に悠木千帆さんならあると思う。

悠木　だから、あまり正常とも言えないです。けれども、かといって年中奇行しているわけじゃないです。

悠木千帆の一言

役者なんてのは本気で自分のこと一等賞と思ってなきゃやれない。役者なんてのは本気で自分のこと最悪だと思ってなきゃやれない。そしておまけに、奢りと恥じらいのごちゃまぜを掌に乗せ、天日の中にさらしてみなくっちゃならない。人間を心底、好きで、嫌いで。

宮沢賢治の『雨ニモマケズ…』を読むと私はズンと胸が痛くなる。『…一日ニ玄米四合ト味噌ト少シノ野菜ヲタベ……ホメラレモセズ、クニモサレズ、サウイフモノニ、ワタシハナリタイ』。人間の非力と無の前に私は衿を正す。

十分に役者であろうとする私と、賢治に「甲斐《かい》」をみつける私とは矛盾する。だからいずれ役者をよすだろう、と私は思っている。……だから……だけど……米倉さんはなんだか、その両方を矛盾なく求めていってるような、その両方をまっとうしてしまうような。……あれェ、じゃあ、役者と賢治は同一線上の向こうと、そのもっと向こうなのか。我が身をさらし、己を知り……という線上の。

荒畑寒村

三人の妻の思い出

荒畑寒村　あらはた かんそん

社会主義者・労働運動家・作家・評論家。1887（明治20）年8月14日神奈川県生まれ。小学校卒業後、海軍工廠の職工見習として働く。堺利彦、幸徳秋水の非戦論に共鳴し、社会主義に接近、『平民新聞』の編集に加わる。07年処女作『谷中村滅亡史』を著述。08年赤旗事件に連座して入獄。12年『近代思想』を発刊。37年人民戦線事件で入獄。日本共産党と日本社会党の結党に参加するが、のち離党。戦後46年から49年まで衆議院議員を務めた。『寒村自伝』『平民社時代』など著作も多い。74年度朝日文化賞受賞。81年3月6日死去。享年93。対談当時は89歳。私生活では事実婚含め三度の結婚をしている。

結婚の条件は、美人でなくても達者な人物

悠木　どうしていいか、わたし男の人にはたいがい平気なんですけど、こう……。

荒畑　きょうはぼくも男だから（笑）。

悠木　急にお話なんかうかがっていいですか。

荒畑　急にって、ぼくは全然用意も何もないから。

悠木　アノー、わたし、そうね、ちょっとお茶を一ぱいいただいて……。身長はどのぐらいおありになるんですか。

荒畑　さあどのくらいですかね。

悠木　かなり大柄でいらっしゃいますね。

荒畑　たまに病院なんぞに行って測っても、すぐ忘れちゃうから。体重だけは覚えているんですがね。今三十七キロですか。

悠木　骨組がしっかりしていらっしゃる。

荒畑　ええ、骨組はしっかりしていますけどね。今、左の眼はまるで、白内障でだめなんです。ですからね、片っぽう眼がだめだと、何かやっぱり見当がつかない。

悠木　よくわたしわからなくて、ぶしつけにいろいろなこと聞きますけど。

荒畑　ええ、どうぞご遠慮なく。

悠木　わたしは男の値打ちっていうものをね、女の人とのかかわり合い方とか、暮し方、そして別れ方というところで、きめておるんですけれども。社会的にどういう成果があろうと別で、アノーそういうふうなわけで、かかわった女の人たちのお話をうかがいたいと思いまして。

荒畑　もうぼくは女房のほかに……。「女房で味を知ったる大だわけ」という昔の川柳があるけれども、ほとんど女房一本槍で。別れたのはみんな死に別れなんです。

悠木　最近の亡くなられた奥様は、どのぐらい前に亡くなられたんですか。

荒畑　あとの女房が二年前です。おととし。一月、しかも七草。前の女房は五年ぐらい中風で寝ていまして、それで死んだんです。

悠木　二年前に亡くなられた奥様とは、見合結婚ですか。

荒畑　ええ、そうです。これはねぇ、その前の女房——死んだ女房というのが二人あって（笑）。前の女房は死んだのが〔自分が〕五十幾つですからね、もうぼくは女房は持つまいと思ってね。死んだのは、アメリカとの戦争がおこる二月前《ふたつき》でした。敗戦後、社会党から選挙に出ましてね、そのときに友人たちが、「これから政治生活に入るのには、どうしても家庭を持っていないといかん」といって、おせっかいどもがいろいろ工作して見合結婚したんですよ。

悠木　お見合をすすめられて、その方とだけお見合をしたんですか。

荒畑　そうです。

悠木　どんなところに惚れられたんですか。

荒畑　別に惚れもしないですけれども。

悠木　不安はないんですか。悪い女じゃないだろうかとか（笑）。

荒畑　ぼくは結婚するのには、その女は美人でなくていいから、達者な人物、病気なんぞしない女という、そういう条件でした。それから、日本の清元とか長唄とか新内とか、そういう古来の音曲の区別ぐらいはわかる女。

悠木　それはやっぱり前の奥さんが先に亡くなられたから、達者ということが第一に頭にあったんでしょうか。

荒畑　ええ。前の女房がね、五年も中風でいられれちゃつらいですよね。しかも、あんた、寝ている女房の枕もとから、昭和十二年暮のいわゆる人民戦線事件で拘引されたんですからね。もうこんどは何でもかまわんから丈夫ということをね（笑）。一緒になってみたらば、美人でも何でもありませんしね。これが、清元と長唄と新内との区別なんぞわからない（笑）。ただ、ベートーベンだとか何だとか、そういうのはよくわかるんですよ。

悠木　美人じゃないとさっきおっしゃいましたけれども、美人の基準というのは？

荒畑　さあ、それは鼻筋通っていて。

悠木　鼻筋通っていると美人なんですか。

荒畑　いや、それは一つの要素ではある。ペチャンコでも……。

悠木　ペチャンコでも美人って言いますでしょう。

荒畑　それはどうかな。

悠木　ご本を拝見しますと、ぼくは三度結婚している、そして二人の妻には非常に恵まれたけれども、最初の妻……。

荒畑　ああ、それは管野須賀子《かんのすがこ》〔管野すが〕で。

悠木　彼女は鼻が低いために隆鼻術を後にしていますけれども、わたしは女が整形するというのは、すごく不憫《ふびん》なんですよね。

荒畑　あんなことはすべきものじゃありませんよ。鼻が低くたって何だってね、生まれつきの自然な顔がやっぱりいちばんいい。たとえば管野なんぞ、隆鼻術したので、ここのところ（眼の間）が寄っちまってね、かえって悪くなったです。けわしくなって。

悠木　二度目の奥さんとの出会いは、これはお見合じゃありませんね。

荒畑　ええ。

悠木　結婚するというふうに決心なすったのは、どういうところですか。

荒畑　それはね、二度目の女房というのは、――それがまあほんとうの女房だったんだけれども、ぼくより年もずっと上でした。若い時分から泥水の中くぐり抜けてきたような女ですからね。とにかくふつうの若い男と女が見合なり恋愛なりで結婚するのとは違いましてね、非常にぼくのために尽くしてくれたんです。一口で言えば、それに意気に感じて。非常に変則的だったんですよ。

悠木　結婚する前というのは女の人はよく尽くすけれども、結婚するとガラッと変わっちゃう人が、今たくさんいるんですが、その奥さんはそういうことはありませんでしたか。

荒畑　ええ、こりゃあまたね、その時分はぼくもまだ運動していたものですからね、幾度も牢にたたっこまれたりなんかするし、しょっちゅう貧乏して金もない。それ、平気でしたね。苦情なんか言ったことなかった。そういう点は、非常に恵まれていたですよ。

男あさりで有名な、東の本荘幽蘭、西の管野幽月

悠木　前の奥さんが、さっき泥水の中をくぐり抜けてとおっしゃいましたけれども、そういう水商売の世界にいらっしゃった方に、当然、男として奥さんの過去に嫉妬したりなんていうことはありませんでしたか。

荒畑　ああ、それはありませんでしたね、女房の過去を不愉快に思ったりとかは。

悠木　それは自分で望んだ過去じゃないですものね。

わたし、管野須賀子さんとのときに、あれは年表によると結婚って書いてありましたので、結婚だと思っていましたが。

荒畑　まあ結婚には違いないんだが、ただ区役所へ届けなんかしなかったというだけで。

悠木　二度目の奥さんの過去に関しては問題になさらなかったのは、よくわかりましたが、管野さんとのことでは、そういう過去を？

荒畑　そうですね。これもねぇ、はじめに知っていれば、ぼくはそういう点では潔癖だから、一緒にならなかったでしょうな。知ったのは後なんですよ。しかも、当時ぼくはまだほとんど子どもみたいなもので。

悠木　若かったですね。十九……。

荒畑　管野はずいぶん男出入りの激しかった女ですからね、赤ん坊の手をねじるようなものだったでしょう。ぼくなんかまるめ込むのはね（笑）。ですから、かなり不愉快な感じもしたりしましたね。

悠木　今わたしはこういうふうに期待したんです。最初に知っていればそれは許せたと。でも最初に知っていたら結婚などしなかったというのは、やはりそのときの十九歳の男性の結婚観がありますよね。女の人に対しては、やはり処女性みたいなものは……。

荒畑　まあ処女性というほどのものはないけれども、純潔というか、もっと男出入りのそんなに激しくないほうが望ましいですわね。ああ、管野なんていうのはずいぶん、その点じゃ……。昔、東京に本荘幽蘭という女記者がいましてね、これは非常に美人なんです。自分が学資から何から注ぎ込んだ男が、学校を出ると彼女を弊履《へいり》のように捨てちゃった。それから、やけになって、本荘幽蘭と言えば有名な、男あさり。東の本荘幽蘭か西の管野幽月か、幽月と称していたんです、と言われたぐらい。そういうこと、ぼくがすっかり、管野須賀子のとりこになっちゃってから知ったんですからね。

悠木 やっぱりとりこになるだけの魅力があったんですか。

荒畑 あったですね。それはあの女はいわゆる盤台づら、四角ばった。色は白かったですけれども、鼻は後に隆鼻術をやったくらいに低かった。ですからね、美人の標準から言えば、あまり当てはまらない。ただねぇ、まあ男出入りなんぞ多かったせいですかね、何ていうか身辺に一種の妖気を漂わしていましたね。久津見蕨村《くつみけっそん》という明治時代の、これも有名なジャーナリストが、管野って女は美人じゃちっともないけれども、男をとろりとさせるような魅力を持っている、と言いましたものね。

悠木 当時のいろいろな方、たいがい病気がちで、全体が華奢で小柄で。そんな中で、先生はかなり体格がよくて、やっぱりいい男の部類に入っていたんじゃないですかね。

荒畑 さあね。これはどうも、自分で「さようでございます」とも言えないんですけれども、要するに管野について言えばもの珍しかったんです、ぼくが。

悠木　どういうところが、でしょう。
荒畑　それまで、いろいろな男と浮名を流したのは、たいてい新聞記者だの文人ですね。ところが、ぼくはまだ年も若かったし、そういうことに経験がない。よく金持なんぞが、芸者だの何かにあきあきして、若い娘なんぞに夢中になったりするような気持ちじゃなかったかと思いますね。ぼくはそうだと思うな。
悠木　結婚という形は取ってないけれども、一応そういう生活をしていて、それがほかの男の人と生活し始めたとき、それを最初に聞いたときの気持ちというのは……。
荒畑　それは実にもう、何といったらいいかな、とにかくこっちは監獄にいるんですからね。それで、管野から離縁状が来たわけですよ、幸徳〔秋水〕と一緒になるために。しゃくにさわったたって憤慨したって、ぼくは監獄にいるんだから、どうすることもできない。
悠木　その間、どのくらいもちこたえたんですか。
荒畑　一年半のうち、一年目でしたからね、もうあと半年だと思って。それは比較的気持ちに余裕がありましたけれど、出たら、見やがれ（笑）。それはね、自分の惚れている女がほかの男と一緒になったこともしゃくにさわるけれども、それより、今自分は監獄にいて何の自由もないんだ、そのときに同志にそういう苦しみを与えるというのは許せない。チキショウめ、出たら、たたっ殺してやると思って、それであと半年もちこたえたようなものですよ。

悠木　殺しに行こうというときも、やっぱりずっと怒りみたいなの、もちこたえて。

荒畑　もちろんそうです。

悠木　今の人というのは、あたしも含めてですけれども、カーッとしても、せいぜいもってひと月ぐらいなんですよね。そんなに長いこともちこたえないんで、そのへんが。

荒畑　だから、ピストルを持ってね、その時分、管野と幸徳が伊豆かどっかに……湯河原か、行ったんですよ。

悠木　ずっと血がさわいでいましたか。

荒畑　さぁ、深いことまでは覚えてませんが、とにかくピストル持って行ったら二人とも留守なんだ。まあ留守でよかったんだね。

悠木　そうすると、ある種の恨みみたいなのをとげられないまま、その人が亡くなられましたよね。その死を知ったときというのは、どんなぐあいですか。

荒畑　それはやっぱり、もうそんな自分の個人的な恨みなんて忘れて、とにかくああいう事件で死んだんですからね〔幸徳秋水も管野すがも大逆事件で死刑となる〕。
悠木　お子さんをつくらなかった。
荒畑　これは、特につくらなかったというのでなく、できなかったんです。大逆事件で幸徳が管野と一緒になって、前の千代子さんという夫人と別れたのにもかかわらず、あとからしょっちゅう金を送ってやった。それから、死水はお前に取ってもらいたいという手紙。そういうことが管野に知れて、管野は煩悶したり憤慨もしたらしいんですがね、それで入獄中に幸徳に離婚の通知を、予審判事を通じて出しているんです。幸徳が堺〔利彦〕さんにそのことを書いた手紙のしまいに「おもしろい女さ」、ぼくはそれを見て実に憤慨したですね。おもしろい女さなんていうのは、遊冶郎《ゆうやろう》〔酒色におぼれた男、放蕩者〕が今まで自分が相手にした女と別れたときに言う言葉でね、そういう入獄中の同志を犠牲にしてまで一緒になった女と別れるときに、「おもしろい女さ」ということを言うべきじゃない。言えるはずじゃないと思ってね。また管野があわれに思ったですよ。要するに管野という女は、終生恋愛を求めてついに恋愛に成功しなかった。最後まで恋愛に失敗した。そういう点じゃ、実に気の毒なんです。

ぼくはもう、一日も早く死にたいですな

悠木　一つたいへん失礼なことをうかがいますが、社会主義運動の趣旨、理想、そういうものはよくわからないんですけれども、この世の中を見ていれば矛盾だらけで、もちろんだれかが考えなければと思いますけれども、いままでいろいろ迫害を受けてたいへんにもかかわらず、なおかつ駆り立てるものというのは、何かそこに魅力があるだろうと思うんですね。それにとりこになる部分もあるんじゃないかと思うんですが。

荒畑　それはやっぱり人間の心理というか精神というか。何にも高等の学問をおさめたり、平生むずかしい理屈なんぞ考えてない人間がですね、そういういわゆる田夫野人《でんぷやじん》が、ひとたびキリスト教を信じると、火あぶりになっても信仰を変えないというようなことがあるでしょう。そういうものが人間にはみんなありますよ。ですから、ぼくらといっちゃ口はばったいんだけれども、今までの日本の社会主義者がずいぶんひどい迫害を受け、ことにずっと後のいわゆる共産主義者はひどい拷問を受けて、それでもやまなかったというのは、やっぱりそういう人間の持っている、あれだなあ、気質といいますかね

……。それとぼくはいつでも、それはおもしろかったからだというんですよね。

悠木　わたしも、それがあるんじゃないかと思うんです。

荒畑　おもしろいという言葉は語弊があるけれども、要するにおもしろかったんですよ。それはもう、しょっちゅう苦しくて苦しくて、それをがまんしてやってきたんなら、ぼくのような薄志弱行の人間は、とてもやりきれたものじゃない。とうにやめて、どっか出版会社の編集員か何かになっていますね。全然苦しみがなかったなんて言えば、それはうそになりますけれども、しかし、喉もと過ぎれば熱さを忘れるでね。それで、やりゃあまたやられるということがわかっていても、やらざるを得ないんだ。そいつをいささか理屈づけて考えると、反省ということだとぼくは思うんです。

たとえばぼくが社会主義者になったとき、それを自覚したときは、これは資本主義に対して、資本主義の道徳、倫理、法律、哲学、学問、そういうイデオロギーとか概念とかに対する独立宣言をするんだ、したものだと思うんです、社会主義者になることは。労働組合員になったという人間は、資本主義に対して、やっぱり独立宣言をしたものだというふうに厳重に考えるんです。けれども、そうなったからといってね、今日の資本主義のいろいろな社会的な環境や、資本主義の法律、経済、倫理、そういうものの影響から逃れることはできませんよ。この社会に生きている限りは。それはあんた、東京都に生活して東京都の公害問題だとか、そういうものの影響を、いやだって受けないわけにいかない。それと同じように。ただ、そういう場合に、反省するかしないかですね。反省して、自分はこういう社会制度とは違う理想を持っているんだけれども、現実の生活はそういう理想とは非常に遠い現在の制度の影響を受けている。それならばなおさら、自分の理想の邁進に向かって進まなきゃならないんだ。そういう反省がないと、そのままになっちゃうんだな。

悠木　お疲れのところすいません。最後に、たくさんの親しい人の死というものに出会ってこられて、無念な亡くなり方をして、そのつど、つらかったと思うんですが、そういう人の死が、次の力になったりなさいますか。

荒畑　そうですね、特にそういうことを意識的には考えてはいませんけれども。それと、今と違って、昔は同志も少なかったですからね。そういう中で同志、ことに親しかった先輩なんぞに死なれると、非常に気落ちを感じましたね。

わたしは来年の八月になるとまる九十になるんですけどね、そんなに今までの社会主義運動家で長生きした人はだれもいない。みんな七十ぐらいで亡くなっちゃった。ぼくなんかは、なにも別に運動に貢献したことも何もないんだけども、ただ今日まで生き永らえていたために、朝日新聞の文化賞をもらったり。これはわたしでなくて、まだ運動の草創時代に苦しみに耐えて運動をして、そして中道で倒れた人たちのおかげ。その人たちが当然もらうべきものを、ぼくがもらっているような気がして。

悠木　そんなことないでしょう。

荒畑　うしろめたい感じがするんです。今までだってぼくらの仲間で、ああきのうはだれが死んだ、きょうもだれが死んだということが、よくありましたよ。そういう中で、香典だっていくらも持っていきゃしないんだけど、それでもずいぶん取られてね、貧乏していますからね、それがかなり打撃で、女房に「こう香典を取られちゃたまらない。おれのところもたまにはもらいたい」といって女房におこられたことありましたけれどもね（笑）。

悠木　だから、人が死ぬということは、実に淡々と、感じていられますか。

荒畑　いやあ、そうは感じませんよ。やはりそんなことはいやですね。ただ、ぼくは一日も早く死にたいですな。それは体も頭もしっかりしていて仕事ができれば、幾つになったっていいですよ。もうぼくのエネルギーを使い尽くしてしまったような感じで、何にも仕事ができない。仕事ができないでただ漠然と生きているというのは実に苦しい。それは若くてまだ仕事ができる人にはわからない苦しみであって、とぼくは、よくグチをこぼすんですがね。だから、ぼくは安楽死、大賛成だね（笑）。

悠木千帆の一言

帰りぎわ、二息も三息も入れて立ちあがり……往年の荒畑寒村も、こうなっちゃあ、おしまいだぁはっはっは……私共の心配気な様子を察しての捨ゼリフ。雨の中、もはや赤坂あたりはアスファルトジャングルに、先の欠けた下駄の歩きにくそうにして……瀬戸内晴美〔寂聴〕さんからの結城紬《つむぎ》を実に豊かに着くずして。ふと後ろからささえれば、八ヵ月の我が児の腕の太さと同じ……細さ。主義を超えたところで人の幸せを願い、筋を通してきた運動家の、せめて頭脳のぼけていれば救われる不自由さ、私は確かに確かに生を生き生きと生きるむずかしさと苦しみを識りました。

生まれ生まれ生まれて生の暗く、だから死に死んで死の終わりに冥《くら》いであろう私。
この対談の終わりにあたって、まさしく私の人生における仏の〝機縁〟を感じ、
ただ、ありがたく思います。

四十年後の結婚観

樹木希林　夫婦を語る

やわらかな表情で夫婦が並ぶ貴重な一枚。
写真提供：希林館

長く別居を続けながらも、内田裕也さんとの結婚を貫いた樹木さん。さかのぼると、1973年に結婚するもほどなく別居生活に入り、1981年には内田さんが無断で離婚届を出すと、離婚無効の訴訟を起こし勝訴。型破りな夫婦は続いていきました。この独特な関係を樹木さんはどのように見ていたのでしょうか。2015年に収録されたインタビューから、生前未公開の内容を紹介します。

（編集部）

わりかし大事な人生修行

ここへきて私たち夫婦もなかなかいい関係になってきましたね。ちっとも本質は変わらないのだけど、歳とともに、互いに互いの受け止め方が変わってきたんですよ。摩擦がなくなって、今はぜんぜん揉めません。

結婚当初、一緒に暮らしていた頃は毎日のように大喧嘩。言い合いじゃすまなくて、でも手だと痛いから、私はモノで叩いてたの。内田（裕也さん）の頭から血が流れ出したこともあったけど、人から「どうしたんですか?」って訊かれて「女房にやられた」とは言えなかったんじゃない？「ちょっと……」ってごまかしていたら、「どこの組の人にやられたのか」なんて騒ぎになったこともあったみたいですよ。（笑）

今は内田に同じことを同じように言われても、フワッと受け止めて、「なるほどね～」とか「わかるわよ」って答えて受け流すの。そうするとあちらも気分がいい。本題はともかく、自分の意見に同調してくれたってとこに反応して穏やかになるのよ。男は可愛らしいわね。女はしたたかだけど。

それに会うのは1年に一回か二回くらいですからね。毎日一緒になんかいられないわよ。いられないから別居したんだもの。

結局のところ、たまに会うっていうのが私たちにふさわしい距離感なのね。半年に一度なら話したいことも溜まってるし。たいがい私は聞き役で、内田がずーっと喋ってるんだけど。

家を新築したとき、夫の部屋も用意したんです。一応、表向きは「いつでもお帰りください」とは言ってるけど、戻れずにいますね。

まず荷物の分量が違うんですよ。一緒に暮らしてた頃から、内田の荷物はすごい量だった。私が「また買ってきたの？」って咎めると、「これ、安かったんだ」とか言い訳するんだけど。値段じゃないのよ、物が増えるのが嫌なんだから、私は。

近年も映画の賞なんかもらうと素直に嬉しいんだけど、トロフィーは全部関係者にあげちゃうの。そんなだから……。生理的に嫌な相手でなくても、価値観の違う人と暮らすのは難しいんですよ。

でも内田には感謝してます。世間の人は、私を勝手な夫に振り回された気の毒な女みたいに思ってるかもしれないけど、そうじゃないの。

私は若い頃のある時期、仏教書に引き寄せられていました。なかでも心に残っているのが、お釈迦様にダイバダッタという、どうにもままならない弟子がいなければ、釈迦は悟りをひらくことができなかったというお話。私にとって内田は、ダイバダッタなんですよ。

どんな夫婦だって、互いが互いのダイバダッタなんじゃない？　人は一人で生きていかれないこともないいんだけど、伴侶と出会うことで生じる摩擦にどう対処するか、どうやって自分の気持ちに折り合いをつけていくかってのは、わりかし大事な人生修行なんじゃないかと思いますね。

さっと譲ってしまえば楽になる

あれはいつだったか、養老孟司さんと話していたら、養老さんが奥さんから「あなたって本当に人を見る目がないわね」と咎められたと言うの。「どういうふうに返したんですか？」って訊いたら、「家内をじーっと見て、『本当にそうだね』と言いました。笑い合って、この話はおしまい」って。長年連れ添った夫婦なら、こういうウィットに富んだ知的な会話をしたいもんだなぁって思いましたね。

結婚の縁に恵まれたとかよく言うけど、縁というのは、自分と同じレベルの人としか結ばれないと相場が決まっているんですよ。だから私は誰かが夫の悪口を言い出すと、「あらー、大変じゃない」とか言いながら一通り聞いて、心の中で「この人も夫と同じレベルなのね」って思うんですよ。（笑）

相手のことを変えようというのは浅知恵ね。それより「自分はどうなの？」って考えなくちゃ。夫婦間のストレスをなくすためのコツも、全部、原因は自分にあると思うこと。これに尽きます。「電信柱が高いのも、郵便ポストが赤いのも、みーんな私のせいなのよ」って昔あったけど（笑）。私もそんな感じですねぇ。

ここまでくるともう、内田に何を言われても文句も出ない。「あ、そうなの？」って思うだけ。雪景色を見て夫が「雪は黒いな」って言ったら、「どこもかしこも真っ黒ね」って話を合わせるところまでは行けそうですよ、私。

もちろん今だって「我」はあります。ただ、互いに歳をとったわねと感じ始めたどこかのタイミングで、最後の年月は夫の考え方に沿ってみようと決めたんです。だからといって、夫にこうしてほしいとか、こういうことはしないでほしいとか思わないというわけではなく、思わないようにしているの。不満やいらだちを抱えて葛藤するよりも、「いや、私は何も望んでいない」と急いで思考回路を切り替えるようにしてます。

自分のことだってわけがわかんないのに、他人である夫に対して期待するってのは、虫のいい話なんです。「私はわけがわかってます」という人は傲慢。自分は正しいんだから、なんて意地を張らないほうがいい。大勢に影響はないんだからと考えて、さっと譲ってしまえば楽になります。

あと、他の夫婦と自分たち夫婦とを比べないことも大事ね。それをやり始めたら、自分の幸せや夫のいいところが見えなくなるから。

私の結婚観も若い頃は、「夫婦が協力し合って家庭を作っていく」というものだった。だけど、出会ったのが、ルールを一切守らない人だったわけです。それでも夫のいいところをみつめてきた。そうできたのは、世間体や「夫婦はこうでなくてはいけない」という型に縛られていなかったからだと思う。きっと自分というものが強いのでしょう。

私は若い頃から、男の人に何かを決められたことは一度もないの。つき合うにしても向こうから言ってくる人は苦手で、自発的に好きになった人限定だったし、どういう関係性を築くのかも私が決めてました。そりゃあしたたかだったんです（笑）。でもそれが女の役割かなっていう気がしてます。

人生はいろいろあっても最後がよければいいじゃない？　それが結婚生活をまっとうすることなのか、離婚することなのかは人それぞれだから、私は知らない。ただ自分の心に嘘をつかずにシンプルに生きていれば悔いは残らない。このことは言い切ってもいいように思いますね。

解説

群れなかった人の言葉

武田砂鉄

ルポライター・竹中労は、あらゆる組織に属することを嫌った。そして、このように記している。

「人は、無力だから群れるのではない。あべこべに、群れるから無力なのだ」

（竹中労『決定版 ルポライター事始』）

時に竹中が手厳しく標的にした芸能界という「群れ」は、今に至るまで、あべこべに群れながら、力を保持し続けてきた。その力関係を更新し、権力を醸成してきた。もはや、群れることなしに呼吸することが不可能な世界にも思えてしまう。

自分がたった一度、樹木希林さんにお会いすることができたのは、二〇一六年十月、山梨県甲府の桜座で竹中労没後二五年を偲ぶイベントが開かれた日のことだ。竹中労と交流のあった樹木さんは、時に竹中労という存在を野次りつつも、その存在をしみじみ愛でるように振り返った。自分が編集者時代、竹中労についての特集ムックを編纂した経緯もあり、その打ち上げの場で、樹木さん、そして浅草キッド・水道橋博士さんとじっくりと話し込むことができた。こちらにも分け隔てなく言葉を撒き、時に挑発するように討議する姿を見て、あべこべに群れない姿勢をうかがい知った。

打ち上げの場がお開きとなった頃合いに樹木さんがサッと立ち上がり、「私、その辺りでなにか食べて帰ります」と、小さなカートを引きながら、一人で甲府の夜に消えていった。こんなにも絵になる後ろ姿があるだろうかと、俳優に対して向けるにはあまりにひねりのない言葉をつぶやいた。自分で自分のことを書きたくないし、誰かに自分のことを書かれたくない、「私が私のことを一番よく知っているのに、誰かに書いてもらおうなんて思わないわ」と静かに笑う姿が印象的だった。自分が語られることへの警戒心、まとめられることへの嫌悪感、語られる必要なんてないのだという確信を、繰り返し伝えてきた。

昨秋、樹木さんが亡くなると、テレビをつけるたび、樹木さんの名言・格言が目に飛び込んできた。かつての発言を振り返ればそこには名言になりそうな言葉がいくらでもある、とでも言わんばかりに、良さげな言葉を拾い上げて名言化して偲ぶ姿に、少々の違和感があった。自分は会ったことがあるから、では決してない。だが、あの日の樹木さんが「群れるから無力なのだ」と述べていた竹中労とシンクロしているように思えた感触が忘れられない。群れない個人が、静かに立ち去っていく後ろ姿が頭に残る。

言葉に厳しい人だったに違いない。自らの言葉を吟味し、そして相手の言葉を判別し、慣習や常識をなぞるだけの言葉を嫌い、でもそれを他者に押し付けることはせずに、どうぞご自由に、と放任した。名言の宝庫とは真逆の、むしろ、攻撃的な話者だったのではないかと思う。『AERA』（二〇一七年五月十五日）のインタビューに答えた樹木さんは、「私の話で救われる人がいるって？ それは依存症というものよ、あなた。自分で考えてよ」と断じている。亡くなった後に積もった「いい話」もまた、「依存症というものよ」と片付けられたに違いない。

喪主代理の挨拶で内田也哉子さんが、「いつか言われた母の言葉」を記憶から手繰り寄せた上で、「おごらず、他人《ひと》と比べず、面白がって、平気に生きればいい」との言葉を引っ張った。他人と比較して自分を固めるのではなく、なりゆきで築き上げられていく個人でいることを最後まで貫いた。

本書は、『婦人公論』一九七六年一～十二月号で連載された「異性懇談」をまとめたものだ。まだ悠木千帆を名乗っていた三十二、三歳の頃に収録・掲載されたもので、この対談に通底する、相手に対する攻撃的な姿勢は、樹木希林という存在が言葉で作り出してきた緊張関係を明らかにしている。年配の男性に向けて、とにかくズケズケと踏み込んでいく。うっかり土足で入ってしまう、ではなく、土足しか選択肢を用意していない潔さ。忖度《そんたく》を重ねながら自分の位置を守ろうとするのではなく、手刀一本で最初っから相手の腹の中を探りに行こうとする姿勢にたじろぐ。謙遜を重ね合わせながら先輩を引き立てる、なんてことを絶対にしない。

山城新伍との対談の出だしは「すごい胸毛なんですね」である。「ぼくはセックスというのは中じゃなくて前後だと思うの」と語るいかりや長介に対し、その意図を具体的に聞きたがるも、「最初に言ったでしょう。ぼく個人のあれだから」といかりやが逃げる。そこにすかさず「もちろん個人の、長さんのあれを聞きたいの。その女のどういうのがよかったんですか」と重ねていく。ひとまず曖昧に逃げてみせた回答を拾い上げ、もう一回、それについて聞いていく。物怖じしない。年下の中村勘九郎（故・十八代目中村勘三郎）に対しても「はたちの勘九郎さんから見て、男と女のセックスみたいなものをどういうふうに考える？」「セックスは最高だと思うことありますか。おぼれたりする時期というの、あります、今？」とたたみかけていく。米倉斉加年との対談では「もう絶対あれとは対談するな、なんていう人がいっぱいいて、もうまいっちゃう」と漏らしているから、この奔放な姿勢に探られるのを嫌がった同業者も多かったのかもしれない。その米倉にも、早速「奥さんははじめての人ですか」と投げかけていく。

相手を当惑させながら、当惑させている間に、相手との距離を縮めていき、思わず相手から必要以上の言葉をこぼれさせるのは、相当な名インタビュアーと言える。相手との距離を慎重に推しはかることをせず、とにかく目の前に立つ。たとえば映画のプロモーションインタビューなどでは、どうしてもお約束のQ&Aが求められるが、樹木さんは、そういうお約束を嫌い、その都度崩してきた。それがあたかも突出した個性のようにもてはやされてきたが、この対談集を読めば、そもそもそれが、人に入り込んでいく自然な姿だったとわかる。相手の望む方向に舵を切るのではなく、自分の進みたい方向で突っ込んでいく。そして、その場の話を活性化させていく。

まとまった文章を残さなかった樹木さんなので、それぞれの対談の末尾に添えられた「一言」の文章は貴重だ。言葉の連なりに思いがにじむ。田淵幸一さんの回では「大きな身体と優しい目をした快男子でした。戦争があったならいちばんに兵隊検査に合格し、先頭を進み、その気立てのよさからいちばんに割くって死んでしまいそうな感じです」と書く。褒めてけなし、けなして褒めるような、このさじ加減が絶妙だ。

連載の最終回、社会主義運動家、荒畑寒村をゲストに迎えた回の一言は、自身の死生観も垣間見える名文である。

「私は確かに確かに生を生き生きと生きるむずかしさと苦しみを識りました。生まれ生まれて生の暗く、だから死に死んで死の終わりに冥《くら》いであろう私。この対談の終わりにあたって、まさしく私の人生における仏の〝機縁〟を感じ、ただ、ありがたく思います」

誰とも群れることなく、個として生き、淡々と死んでいく。人と、異性と、対話を重ねるなかでも、私という個人の輪郭を守り、あくまでも自分という存在を自分で嗜んでやろうと企むことを決心した一文にも思える。

自分という存在を大きく見せようとする人、メディア、空気に、最後までからめとられなかったのは、樹木希林という人間が、世の中を達観した受け身の人、だったからではなく、世の中の端切れにまで鋭く眼差しを向け続けた、実に攻撃的な人だったからではないか。誰もが知る、あの穏やかな表情を顕微鏡でのぞいたら、とっても鋭利な感情で構築されていたんじゃないか。この対談を読みながらそう感じる。言葉に厳しい人だからこそ、時に言葉で遊ぶこともできたのだと思う。群れなかった人の言葉が、時が経とうとも鋭く躍動している。

（たけだ・さてつ／ライター）

初出：『婦人公論』
「異性懇談」（一九七六年一月号～十二月号）
「樹木希林さん、夫婦を語る」（二〇一九年十月八日号）

＊誤字・脱字は訂正し、ルビを適宜補っています。編集部による註は〔　〕で挿入しています。
＊本書には、差別観念を表すような不適切な語句や表現が見られますが、掲載当時の時代的背景と著作の内容とを鑑み、原文のままとしました。
＊本書は、令和7年2月10日に著作権法第67条の2第1項の規定に基づく申請を行い、同項の適用を受けて作成されたものです。

樹木希林　Kiki Kirin

女優。1943（昭和18）年１月15日東京生まれ。女優活動当初の名義は悠木千帆、77年に樹木希林と改名。61年文学座附属演劇研究所に入所、テレビドラマ『七人の孫』で森繁久彌に才能を見出され、『時間ですよ』『寺内貫太郎一家』『ムー』などの演技で人気女優に。出演映画は多数あり、代表作に『東京タワー　オカンとボクと、時々、オトン』『悪人』『わが母の記』『万引き家族』などがある。2008年に紫綬褒章、14年に旭日小綬章を受章。61歳で乳がんにかかり、70歳の時に全身がんであることを公表した。18年９月15日逝去、享年75。夫はロックミュージシャンの内田裕也（19年３月17日逝去）。

中公新書ラクレ 837

人生《じんせい》、上出来《じょうでき》

増補版《ぞうほばん》 心底《しんそこ》惚《ほ》れた

2025年３月10日発行

著者……樹木希林《きききりん》

発行者……安部順一

発行所……中央公論新社

〒100-8152 東京都千代田区大手町 1-7-1

電話……販売 03-5299-1730　編集 03-5299-1870

URL https://www.chuko.co.jp/

本文印刷…三晃印刷　カバー印刷…大熊整美堂　製本…小泉製本

Published by CHUOKORON-SHINSHA, INC.

Printed in Japan ISBN978-4-12-150837-9 C1295

中公新書ラクレ　好評既刊

ラクレとは…la clef＝フランス語で「鍵」の意味です。
情報が氾濫するいま、時代を読み解き指針を示す
「知識の鍵」を提供します。

L759

老いを愛づる
―生命誌からのメッセージ

中村桂子 著

白髪を染めるのをやめてみた。庭の掃除もほどほどに。大谷翔平君や藤井聡太君にときめく―年を重ねるのも悪くない。人間も生きものだから、自然の摂理に素直に暮らしてみよう。ただ気掛かりなのは、環境、感染症、戦争、成長一辺倒の風潮。そこで、老い方上手な諸先輩（フーテンの寅さんから、アフガニスタンに尽くした中村哲医師まで）に学び、次世代につなぐ「命のバトン」を考えたい。生命誌のレジェンドが綴る、晩年のための人生哲学。

L766

吉村昭の人生作法
―仕事の流儀から最期の選択まで

谷口桂子 著

『戦艦武蔵』『破獄』などの作品で知られる作家・吉村昭は、公私ともに独自のスタイルを貫いた。「一流料亭より縄のれんの小料理屋を好む」が、「取材のためのタクシー代には糸目をつけない」。「執筆以外の雑事は避けたい」一方で、「世話になった遠方の床屋に半日かけて通う」。合理的だが義理人情に厚く、最期の時まで自らの決断にこだわった人生哲学を、日常・仕事・家庭・余暇・人生の五つの場面ごとに、吉村自身の言葉によって浮き彫りにする。

L771

カラー版　へんてこな生き物
―世界のふしぎを巡る旅

川端裕人 著

かわいい小動物ハニーポッサムは、巨大な睾丸の持ち主。水生哺乳類アマゾンマナティが「森」の中を飛ぶって？　ペンギンなのに、森の中で巣作りをする「妖精」。手のひらサイズの巨大な虫はまるでネズミ！　常識を軽く超えてくる生き物たちの「へんてこ」を活写。30年以上にわたり研究者やナチュラリストと共に活動してきた著者が、新しい科学的なトピックをまじえて約50種を楽しく紹介する。２００枚超のオリジナル写真を掲載。

L777

増補版 笑って生きる
――寂聴流　悔いのない人生のコツ

瀬戸内寂聴 著

「自分を変える革命は何歳でも起こせる」「この世に1人の自分を、自分が認めてあげなければ」……。作家として、僧侶として、瀬戸内寂聴さんはたくさんの名言を残しています。年齢を重ね、老いを受け入れ、周囲との人間関係や、家族のかたちも変わっていくなかで、私たちは、その言葉に心のよりどころを求めます。私たちの気持ちに寄り添い、一歩を踏み出す勇気を与えてくれる寂聴さんの言葉を、1冊にぎゅっと詰め込みました。

L786

弘兼流 70歳からのゆうゆう人生
――「老春時代」を愉快に生きる

弘兼憲史 著

人生100年時代、定年後の30年はあまりに長い。でも長い時間だからこそ、新しい自分に出会うことも可能です。家族、仕事、人間関係……。自分や周囲の変化を恐れず、目の前の課題に挑戦する勇気があれば、「老後」は「第二の青春」になるはず。第一線で活躍し続ける漫画家が、愉快で快適なセカンドステージを築くための秘訣をつづる。『弘兼流「老春時代」を愉快に生きる』を増補、改題した決定版。ベストセラー第二弾。

L792

新版 中野京子の西洋奇譚

中野京子 著

箒にまたがり飛翔する魔女、笛吹き男に連れられて姿を消したハーメルンの子どもたち、悪魔に憑かれた修道女、死の山の怪……。科学では説明できない出来事や、人々が語り継がずにいられなかった不思議な話。誰もが知る伝承に隠された、恐ろしい真実とは？　歴史奇譚の魅力に触れたら、あなたはもう、戻れない……。稀代の語り手が贈る、21の「怖い話」。新版刊行に際し、「余話「怖い」に魅かれる一因」「奇譚年表」も収録。

L802

厚生労働省の大罪
――コロナ政策を迷走させた医系技官の罪と罰

上　昌広 著

総理が命じても必死でPCR検査を抑制。執拗に感染者のプライベートを詮索。世界の潮流に背を向け、エアロゾル感染は認めない……。いまとなっては、非科学的としか思えないあの不可解な政策の数々はなんだったのか。だいたい、あの莫大なコロナ関連予算はどこに消えたのか。新型コロナは、日本の厚生行政とムラ社会である医療界が抱えてきた様々な問題を炙り出した。医療界きってのご意見番が、日本の厚生行政に直言する！

L803

宮部みゆきが「本よみうり堂」でおすすめした本 2015-2019

宮部みゆき 著

独自の視点が人気の『読売新聞』日曜日掲載「本よみうり堂」読書エッセイ、待望の書籍化。ミステリー、海外ノンフィクションから、社会時評、歴史、写真集、マンガ、恐竜まで――作家の好奇心を刺激し、「この本をぜひ紹介したい！」と思わせたバラエティに富む作品の数々は、最高の読書案内だ。読書委員就任からの5年間に紹介した128冊を、著者初の新書で一挙公開！

L806

グリム、イソップ、日本昔話 人生に効く寓話

池上 彰＋佐藤 優 著

「舌切り雀」には商売の厳しさが、「浦島太郎」にはあなたの定年後が、「花咲かじじい」には部下の使い方が、「雪女」には夫婦の現実が、「すっぱいぶどう」には競争社会の身の処し方が書いてある！ 大人こそ寓話を読み直すべきだ。長く重い人生を軽やかに生きるための知恵が詰まっているのだから……。グリム、イソップから日本の民話、寓話まで。計20話の読み解きを収録。スピーチのネタにも使える一冊。

L809

開業医の正体 ――患者、看護師、お金のすべて

松永正訓 著

クリニックはどうやってどう作るの？ お金をどう工面しているの？ 収入は？ どんな生活をしているの？ 患者と患者家族に思うことは？ 上から目線の大学病院にイライラするときとは？ 看護師さんに何を求めているの？ 診察しながら何を考えているの？ ワケあって開業医になりましたが、開業医って大変です。開業医のリアルと本音を包み隠さず明かします。開業医の正体がわかれば、良い医者を見つける手掛かりになるはずです。

L813

悩める時の百冊百話 ――人生を救うあのセリフ、この思索

岸見一郎 著

『嫌われる勇気』の著者は、就職難、介護、離別などさまざまな苦難を乗り越えてきた。氏を支え、救った古今東西の本と珠玉の言葉を一挙に紹介。マルクス・アウレリウス、三木清、アドラーなどNHK「100分de名著」で著者が解説した哲人のほか、伊坂幸太郎の小説や韓国文学、絵本『にじいろのさかな』、大島弓子のマンガなどバラエティ豊かで意外な選書。いずれにも通底するメッセージ＝「生きる勇気」をすべての「青年」と「元・青年」に贈る。